Ursula Fassbender

Die Erde – der vergessene Planet

Ursula Fassbender

Die Erde – der vergessene Planet

Unser Heimatplanet im Spiegel der Intuitiven Astrologie

Ebertin
Freiburg im Breisgau

Die Deutsche Bibliothek – CIP-Einheitsaufnahme

Fassbender, Ursula:
Die Erde – der vergessene Planet : unser Heimatplanet
im Spiegel der intuitiven Astrologie / Ursula Fassbender. –
Freiburg im Breisgau : Ebertin, 1994
ISBN 3-87186-077-8

Titelfoto: PALAZZI VERLAG, Bremen

Mit 10 Horoskopzeichnungen von Martin Garms

1994
ISBN 3-87186-077-8

Umschlag: Ulrike Bürger
Satz: Jung Satzcentrum GmbH, Lahnau
Druck und Bindung: Ueberreuter Buchproduktion, Korneuburg
Printed in Austria

Gedruckt auf chlor- und säurefreiem Papier

Inhalt

Vorwort 11

Einführung
Eine Betrachtung der Erde aus der Sicht der Intuitiven Astrologie 13

Erstes Kapitel
Urmutter Erde 33

Zweites Kapitel
Wilde Schwester Erde 44

Drittes Kapitel
Isis, Jungfrau und Erde 55

Viertes Kapitel
Osiris, Löwe und Sonne 63

Fünftes Kapitel
Berechnung, Zuordnung und Bedeutung der Erde 72

Sechstes Kapitel
Die Opposition Sonne – Erde (Vision einer Synthese) 84

Siebentes Kapitel
Die Bedeutung der Achse Jungfrau – Fische (Heil-Werden) 99

Achtes Kapitel
Die Erde in den zwölf Tierkreiszeichen 114

Neuntes Kapitel
Das Dreieck Sonne, Erde und Mond
(Die heile und heilige Familie) 153

Zehntes Kapitel
Der Mondknoten als Schnittpunkt der Sonnen- und Mondbahn
(Die Lebensaufgabe und der Lebenssinn) 160

Elftes Kapitel
Chiron, Lilith und Erde 164

Zwölftes Kapitel
Beispiele für die Bedeutung der Erde im Horoskop 174

Schlußwort 196

Anhang
Phantasiereise für die Erweckung der Intuition 197
Heilvisualisationen für die Erde 199
Worterklärungen 202
Anmerkungen 206

Huldigung der Großen Mutter

Fließend schweben weiße Schaumberge
auf den weiten, grünen Schwingen des Meeres.
Unaufhaltsam wirbeln sprudelnde Luftblasen
durch die mächtigen Wassermassen
in den dunklen, sandigen Tiefen.

Zischend peitschen rollende Wellenbänder
gegen unnachgiebige, wehrhafte Ufer.
Zuckend strecken sich watteweiche Riesen
nach der schimmernden Endlosigkeit.

Pumpend rinnen glühende Lavatropfen
aus den gebärenden Schlünden der Großen Mutter.
Kühlend streicht der Wind über ihre zarte Haut
im Rhythmus des göttlichen Atems.

Liebend, leidenschaftlich und zügellos
berühren sich die Geister der Elemente
in ihrem nährenden Schoß
und treiben das Rad der Schöpfung an.

Vorwort

Im Zeitalter der Raumfahrt kann der Mensch zum ersten Mal von »außen« auf seinen Heimatplaneten blicken und damit seine Sicht und seine Einstellung zur Erde verändern. Diesen Wechsel des Standpunkts oder der Perspektive können wir symbolisch auch auf die Astrologie übertragen. Davon handelt dieses Buch.

Das Wissen um die *Erde* und ihre Geheimnisse wurde den *Priesterinnen der matriarchalen Religionen und den weisen Frauen* seit den düsteren Zeiten ihrer Entmachtung entrissen. Ihre Weisheit wurde daher nicht überliefert und geriet beinahe ganz in Vergessenheit. Hexenwissen beispielsweise gehört zum verdrängten Traditionsgut. Auch der Schamanismus wurde in unserer Kultur erst in den letzten zwei Jahrzehnten wiederbelebt. Es gibt aber ein noch viel älteres Wissen, das nur bruchstückhaft aus alten sumerischen und ägyptischen Texten zusammengetragen werden kann.

Erst jetzt ist die Zeit gekommen, wo sich die ehemaligen Hüterinnen der Weisheit wieder an ihr altes Wissen, deren Quellen Tausende von Jahren alt sind, erinnern. Noch müssen viele Zweifel, Ängste, Widerstände und ein tief verwurzeltes Gefühl der Ohn(e)-Macht und Schwäche aus dem Weg geräumt werden, um die Kanäle wieder ganz zu öffnen.

Das Wissen um die Erde als astrologischer Planet verhilft uns zu einer Erweiterung des Bewußtseins für die Gesamtzusammenhänge und damit zu einem tieferen Verständnis, warum wir uns und die Erde der Gefahr des Unheil-Seins, das heißt des Nicht-Ganz-Seins oder des Krank-Seins ausgesetzt haben, und wie wir den Weg zur Heilung finden können.

Letzlich liegt es nach der Lektüre dieses Buches im Ermessen des einzelnen, ob er die Erde in seinen astrologischen Betrachtungen berücksichtigen will oder nicht. Mir selbst wurden diese

Entdeckungen als Inspiration zuteil, und als solche möchte ich sie auch an andere weitergeben.

Sicherlich öffnet sich der Kanal für dieses Wissen gerade jetzt, wo wir an einer Weggabelung stehen. Der eine Weg führt zur globalen Zerstörung und zum Tod, der andere ist das Tor zu einem neuen Bewußtsein und zur Entwicklung von Liebe und Kreativität. Wenn wir uns entscheiden, durch dieses Tor zu gehen, leiten wir die Heilung des Planeten und all seiner Bewohner ein.

Es ist zu hoffen, daß sich das Netzwerk all der *Frauen und Männer,* die sich diesen Weg zur Aufgabe gemacht haben, wie ein Schutzmantel über den Erdball legt. Ich wünsche mir auch, daß Bücher wie dieses von Frauen *und* Männern gelesen werden.

Ich denke, daß das Wissen, das in dieses Buch eingeflossen ist, viel Kraft, Klarheit und Unterstützung gibt, und ich bin dankbar, daß es mir selbst zuteil geworden ist und ich es nun anderen vermitteln kann. Wenn wir uns an diese Quelle anschließen, spüren wir nicht nur unser eigenes Aufatmen, sondern auch das Aufatmen unseres blauen Planeten, all der Tiere und Pflanzen, als ahnten wir alle, daß am Ende des Tunnels doch das Licht auf uns wartet!

Ursula Fassbender im Januar 1994

Einführung

Eine Betrachtung der Erde aus der Sicht der Intuitiven Astrologie

1 Die Astrologie verwendet seit jeher die Planeten unseres Sonnensystems als Symbole für die archetypischen Urbilder. Die Archetypen bilden die Grundlage von Religionen, Mythologien, Märchen und sind auch in der astrologischen Symbolsprache enthalten. Sie steigen in Form von universellen Bildern und Erfahrungen aus dem kollektiven Unbewußten ins Bewußtsein auf. Nicht zuletzt aus diesem Grund ist die Astrologie ein so hervorragender Begleiter auf dem Weg zur Individuation, das heißt der *bewußten* Erkenntnis der eigenen, einmaligen Persönlichkeit und der damit verbundenen psychologischen Wirklichkeit.

Die astrologischen Planeten verkörpern demnach menschliche Archetypen. Sie zeigen uns die Urmuster der verschiedenen, gegensätzlichen und sich ergänzenden Energien, die sich in der Psyche manifestieren und durch ihr Zusammenwirken ein neues Drittes, ein Individuum schaffen, das im heilen Zustand aus seiner Mitte heraus lebt, das heißt *sein Selbst* ist.

Das Selbst definierte Carl Gustav Jung als den Archetypus der Ganzheit, als das regulierende Zentrum der Persönlichkeit. Es wird als überpersönliche Kraft erfahren, die das Ich transzendiert. Ein Mensch, der aus dieser Mitte, diesem Zustand des Selbst heraus lebt, ist gleichzeitig heil auf allen Ebenen, und damit erschließt sich ihm auch die spirituelle Dimension.

In diesem Zusammenhang macht die Astrologie deutlich, daß sie in ihren Planeten Archetypen aufgreift, die wir mit Hilfe des symbolischen, nicht-linearen Denkens buchstäblich *begreifen* lernen. Alles, was wir unserem Bewußtsein zugänglich machen, können wir in unsere Ganzheit integrieren, ihr Energie und Potential hinzufügen, wodurch wir vollständiger und lebendiger werden.

Wer die Symbolbedeutung der astrologischen Planeten

kennt, weiß, welch mächtige Archetypen sich darin verbergen. Einer der mächtigsten wurde seltsamerweise niemals ausdrücklich erwähnt: *die Erde.* Der Archetypus Erde bewegt die Menschheit seit Urzeiten in allen Kulturen und Zivilisationen. In unzähligen Werken wird die Erde beschrieben und geehrt als *heilige Mutter Erde,* aus der wir die »Sicherheit des menschlichen Lebens« beziehen und deren Duft, »der Duft der Erde, der Duft des jungen Grüns, ... wahrnehmbare Zeichen für die Güte des Seins«[1*] sind.

2 Die Planetenstände im Tierkreis werden auf der Basis des geozentrischen Weltbildes berechnet. Dies bedeutet, daß die Erde als Mittelpunkt des Sonnensystems betrachtet wird, obwohl seit der Entdeckung des Kopernikus und Galilei, daß die Planeten um die Sonne kreisen und nicht die Sonne um die Erde, wie man bis dahin angenommen hatte, das heliozentrische Weltbild als richtig erkannt wurde.

Infolge dieser revolutionären Erkenntnis entbrannte eine heftige Diskussion darüber, ob die Astrologie nun ihre Berechnungsgrundlage und damit ihre Gültigkeit verlieren würde. Die Astrologen kamen zu dem Ergebnis, daß das geozentrische Modell in der Astrologie weiterhin seine Anwendung finden dürfe. Heute wissen wir, daß es ohne Bedeutung ist, ob wir zwei Äpfel mathematisch als »zwei« zählen oder sie als »Menge X« bezeichnen, wenn wir dasselbe damit meinen und ein Rechensystem auf dieser Basis konsequent weiterführen.

Daher spielt es für die Deutung der einzelnen astrologischen Symbole zunächst keine Rolle, ob wir die Planeten von der Erde aus betrachtet (geozentrisch) auf den Tierkreis projizieren und ihren Stand in dem jeweiligen Tierkreiszeichen berechnen oder von der Sonne aus (heliozentrisch).

Dem berühmten Tiefenpsychologen Carl Gustav Jung verdanken wir die Erkenntnis, daß sich Symboldeutungsmodelle wie die Astrologie anhand des Prinzips der Synchronizität erklären lassen. Dies bedeutet, daß zeitlich zusammenfallende

* Die hochstehenden Ziffern beziehen sich auf die Anmerkungen, die am Schluß des Buches ab Seite 206 kapitelweise zusammengefaßt sind.

Ereignisse wie die Geburt eines Menschen mit der Gesamtkonstellation der Planeten des Sonnensystems in diesem Augenblick einer gemeinsamen »Zeitqualität« unterliegen. Jung nannte dieses Phänomen den »sinnvollen Zufall«.

Das innere und äußere Geschehen stehen in einer analogen Beziehung zueinander, weshalb man durch die Deutung des einen Ereignisses Schlüsse auf das andere ziehen kann. Diesem Gesetz trug die Astrologie bisher in großem Umfang Rechnung und bestätigte es anhand ihrer effizienten und zutreffenden Aussagen.

Während dieses Buch entsteht (1993), stehen die Planeten Uranus und Neptun im Zeichen Steinbock und bilden in diesem Jahr dreimal eine Konjunktion. Steinbock versinnbildlicht die Materie, das Feststoffliche, Körperliche, die formgewordene Energie oder die auf der Erde verkörperte Schöpfungsidee unserer Seele.

Uranus ist im übertragenen Sinne die »Rakete«, mit der wir von einer »Welt« in die andere gelangen können. In Uranus verdichten sich neue kreative Energien und wollen ins Stoffliche durchbrechen, um sich dort zu materialisieren. Deshalb läßt Uranus den Menschen auch zum inspirierten Visionär werden. Mit Uranus verlassen wir die diesseitige, materielle oder stoffliche Realität, um in andere, für die physischen Augen unsichtbare Wirklichkeiten einzudringen.

In Verbindung mit der von Neptun symbolisierten Medialität öffnet sich nun tatsächlich ein Kanal für ein neues Bewußtsein, das mit uranischer Vehemenz in das von uns geschaffene System, als Mensch hier auf der Erde zu leben (Steinbock), einbricht. Wenn die Genesis mit der Methaper »Und Gott sprach: Es werde Licht. Und es ward Licht.« beginnt, geschieht dies in dem Augenblick, wo sich die plutonischen Schöpfungsenergien in Neptun und Uranus ergießen und schließlich in Saturn stoffliche Form annehmen. Dort wird Licht, indem bewußtes Leben auf einem Planeten entsteht – und der Planet, der sich für diesen Schöpfungsprozeß eignet und zur Verfügung stellt, ist die Erde.

Umgekehrt wird Licht in uns Menschen, wenn wir wiederum den neptunischen Kanal in uns öffnen und uns rückverbinden mit den spirituellen Energien in der Heimat unserer Seele, und uns so wieder bewußt an unsere Seele anknüpfen. Das ist gemeint mit der »Religio« (lat. religare = rück- oder wiederverbinden), nach der sich noch jedes Volk auf dieser Erde, selbst wenn es in tiefster Abgeschiedenheit und weit entfernt von anderen lebt, von jeher gesehnt hat.

Religion hat sich nicht primär aus den menschlichen Kulturen heraus entwickelt. Vielmehr ist sie wie eine Ahnung jedem Menschen eingeboren. Die wahre Religio ist nichts Menschengemachtes, sondern das beständige Auf-sich-aufmerksam-machen der Seele, die der Ursprung oder die Keimzelle unserer augenblicklichen Daseinsform ist. Deshalb geschieht mit Neptun und der Öffnung des medialen Kanals auch ein Rückerinnern an frühere Erdenleben und an andere Formen des Seins. Und deshalb können wir in dieser Rückverbundenheit mit Engeln und anderen Wesen kommunizieren und die Sprache der Wale, Delphine, der Tiere und Pflanzen wahrnehmen und vielleicht irgendwann einmal verstehen.

In der Reihe der Planeten stehen Uranus und Neptun zwischen Saturn und Pluto. (Siehe Abbildung der Planetenreihe auf Seite 17.)

Saturn ist der Herrscher von Steinbock, der Formgebende, der die Schöpfung stofflich werden läßt. In ihm verdichtet sich die durch Uranus geschleuste Energie und die uranische Matrix wird in die irdische Form gegossen. Uranus und Neptun im Steinbock sind ein Zeichen dafür, daß eine neue Schöpfung geschieht, die Erschaffung eines neuen Menschen. Der Same wird gerade gesät, und natürlich müssen alte, nicht mehr geeignete Formen weichen, um dem Neuen Platz zu machen. »Stirb und werde«, das ist das Gesetz Plutos, des kreativen Urprinzips, das für sein schöpferisches Wirken auf der Erde und im Menschen gilt.

Und hier kommen wir also endlich auf die Erde und nehmen menschliche Gestalt an. Die Schöpfung menschlichen, tierischen und pflanzlichen Lebens auf diesem Planeten ist unmittelbar von ihm abhängig. Die Erde ist der Schoß, der diese Schöpfungsenergien empfängt, ernährt und am Leben erhält. Die Erde ist die »Große Mutter«, das mütterliche Urprinzip in der Astrologie und nicht Mond oder Saturn, wie viele behauptet haben.

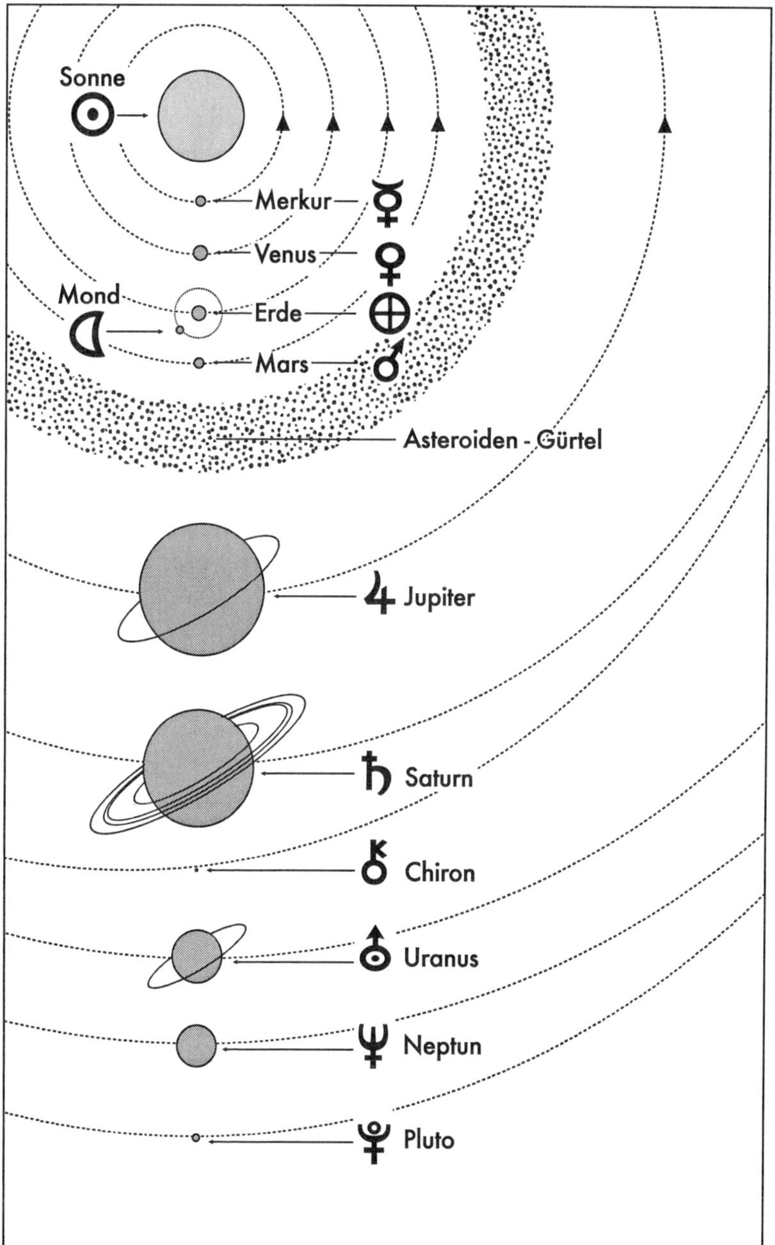

Anmerkung: Die Größenverhältnisse der Planeten sind (mit Ausnahme der Sonne) in etwa maßstäblich, die Bahnentfernungen dagegen können hier nicht maßstäblich dargestellt werden.

Die Planetenreihe

Nicht zuletzt stammen die verwirrenden und nicht eindeutigen Zuordnungen von Mond und Saturn aus dem Versehen, die Erde in der Astrologie zu vergessen. Der Mond ist das Kind und nicht das Mütterliche in uns. Er ist der Teil in uns, der liebevolle Fürsorge, Nähe, Wärme, man könnte sagen »Herzensnahrung« braucht. Die Erde ist die Mutter, der Mond ihr Kind. Warum sonst ist unser Mond, den wir nachts am Himmel sehen, der Trabant unseres Heimatplaneten Erde?

Nehmen wir in diesem Bild noch die Sonne hinzu, die Erde und Mond beleuchtet und ohne deren Licht es kein Leben auf Erden gäbe, könnte sie nicht der Vater in dieser Gestirnsfamilie sein? Sonne, Erde und Mond – die heilige Drei und die heilige Familie.

3 Von einem spirituellen Gesichtspunkt aus betrachtet, sucht sich die Seele eine bestimmte Situation auf der Erde, in die sie sich bei ihrer Geburt hineinverkörpert. Sie tut dies, um in der physischen Verkörperung als Mensch auf dem Planeten Erde eine ganz bestimmte Erfahrung zu machen, indem sie ihr individuelles Potential mit seinen Licht- und Schattenseiten zur Entfaltung bringt.

In vielen esoterischen Schriften wird auf den Sinn dieser irdischen Verkörperung hingewiesen. Doch die Erklärungen sind so unterschiedlich wie die Quellen, aus denen sie stammen. Wozu das Erdenleben letzlich bestimmt ist, entzieht sich unserer Kenntnis, wenn wir uns nicht auf eine einzige Möglichkeit oder unseren derzeitigen Horizont beschränken wollen.

Worauf wir uns sicherlich einigen können, ist die Feststellung, daß das irdische Dasein nicht nur als Vergnügungsreise gedacht, sondern mit einem intensiven und oftmals schmerzlichen Lern- und Wachstumsprozeß verbunden ist. Trotzdem beschenkt uns die Erde durch unsere menschliche Form, den Körper, mit wunderbaren sinnlichen Erlebnissen.

Wir dürfen uns glücklich schätzen, hier auf Erden ein Wunder wie die Liebe zwischen Menschen, Tieren, der Natur und den nicht-irdischen Welten und Wesen erfahren und entwikkeln zu können. Unsere Seele hat uns nicht nur in ein Meer des Leidens gestürzt, sondern vielmehr hat sie darüber einen Himmel der Freude gespannt, den wir auch im Augenblick des tiefsten Schmerzes als gleichzeitig vorhanden erkennen können, selbst wenn wir ihn in solchen Momenten nicht wahrnehmen. Hoch über den Wolken scheint immer die Sonne.

Die Astrologie gibt uns mit unserem Geburtshoroskop ein Medium in die Hände, anhand dessen wir das Potential entdekken können, mit dem uns unsere Seele in dieses Leben geschickt hat. Wir können uns bewußt machen, wer wir in dieser Inkarnation sein sollen und welche Aufgaben damit verbunden sind.

Die Beschäftigung mit den astrologischen Symbolen und Konstellationen im Geburtshoroskop ist aber auch eine Möglichkeit, die eigene Medialität zu entwickeln. In letzter Konsequenz macht uns die Astrologie wieder medial, und wir werden selbst zum Orakel, wie einst die Priesterinnen in Delphi. Dort stand über dem Tempel des Orakels der berühmte Satz: »Erkenne dich selbst.« Der Weg dorthin führt unweigerlich zum Orakel – zur eigenen Medialität.

Die Intuition ist die Öffnung des medialen Kanals. Als eine Form der inneren Wahrnehmung läßt sie uns hinter das vordergründig Sichtbare, Erkennbare und Begreifbare blicken. In der Astrologie steht der Planet Neptun für Intuition und Medialität.

Nachdem ich vor mehr als zehn Jahren den Begriff »Intuitive Astrologie« geprägt hatte, las ich Jahre später folgendes Zitat bei Alice Bailey: »Es ist die intuitive Astrologie, welche schließlich die heutige sogenannte Astrologie verdrängen muß und so eine Kenntnis von jener uralten Wissenschaft wiederbringt, die die Sternbilder und unser Sonnensystem zueinander in Beziehung gebracht, die Aufmerksamkeit auf das Wesen des Tierkreises gelenkt und die Menschheit über die grundlegenden Beziehungen unterrichtet hat, welche die Welt der Erscheinungen und die subjektive Welt beherrschen und bestimmen.«[2]

Das Wassermann-Zeitalter und das neue Jahrtausend erfordern eine neue Astrologie auf einer höheren Bewußtseinsstufe. Die Deutungen der alten Astrologie folgten einer von patriarchalem Gedankengut durchsetzten Weltsicht. Es ist notwendig, daß wir Astrologie wieder als Medium benutzen und bei den Deutungen medial vorgehen, anstatt aus den Planetenkonstellationen im Horoskop »höhere Mathematik« zu machen.

Die Astrologen verwendeten sowohl in früheren Zeiten als auch heute »rechnerische« Punkte wie die Mondknoten, die Hauptachsen Aszendent-Deszendent, Medium Coeli-Immum Coeli und bezogen diese erfolgreich in die Deutung des Horoskops mit ein. Seit einigen Jahrzehnten beschäftigen sich einige wenige Astrologen mit einem anderen rechnerischen Punkt, den sie *Schwarzer Mond* oder *Lilith* nennen. Bestimmte astrologische Schulen zeichnen ihre »eigenen« Planeten ins Geburtshoroskop ein oder arbeiten zusätzlich mit Fixsternen. Darüber hinaus werden immer noch »neue« Planeten entdeckt, wie Chiron, dessen Bedeutung seit einigen Jahren erforscht wird.

All dies stiftet bei vielen Anhängern der Astrologie Verwirrung, und die Zweifler bekommen weitere Nahrung, um die Astrologie grundsätzlich in Frage zu stellen. Da auch ich mich in diesem Buch mit einem »neuen« Planeten befasse, möchte ich kurz auf dieses Problem eingehen. (Lesen Sie hierzu auch Kapitel 11: »Chiron, Lilith und die Erde« auf Seite 164.)

Die Bestrebungen, die Astrologie ständig zu erweitern und weiterzuentwickeln, sind einerseits ein Zeichen für die Bewußtseinsevolution des Menschen schlechthin, andererseits ein Hinweis darauf, daß uns viele Teile fehlen, weshalb wir nach den fehlenden Puzzleteilen suchen. Tatsache ist, daß die Astrologie aus Zeiten stammt, in denen die weibliche Sicht der Dinge integriert, wenn nicht gar vorherrschend war, weshalb in den auch während des Patriarchats erhaltenen Überlieferungen Änderungen und Anpassungen vorgenommen und Teilbereiche sogar völlig unterschlagen wurden und verloren gingen. Die Astrologie, auf der wir heute aufbauen, ist daher an sich schon unvollständig, verzerrt oder reduziert.

Darüber hinaus legte die patriarchale Astrologie den Schwerpunkt auf die Berechnung und Deutung der Aspekte, wohingegen die matriarchale Astrologie, von der beispielsweise Luisa Francia spricht, auf die Kontaktaufnahme mit den Planeten und deren Energien abzielt.[3]

Ziel der Intuitiven Astrologie ist es, die Planetenenergien spürbar zu machen, so daß sie in uns lebendig werden. Damit lösen wir die Getrenntheit auf und stellen die Verbundenheit zu einer weiteren Realität her, an der wir ebenso teilhaben wie an den vielen anderen Wirklichkeiten. Wir spalten die Planeten in unserem Horoskop nicht mehr von uns ab, sondern sehen in unserem Horoskop vielmehr ein Abbild für unsere Verbundenheit mit dem gesamten Kosmos. Wir enden nicht an der Grenze der Stofflichkeit und der Körperlichkeit (symbolisiert von Saturn), sondern sind durchlässig und durchdrungen von allem, was ist.

Je mehr wir dies »erinnern« – das heißt, wieder in unser Inneres einbeziehen und es »verinnerlichen« –, desto mehr erweitern wir unser Ich hin zum Selbst, von der Getrenntheit zur Allverbundenheit, und werden vom Erdenbürger zum kosmischen Geschöpf. In letzter Konsequenz transzendieren wir das Horoskop, doch bis dahin ist es ein langer Weg, auf dem wir die einzelnen Planeten und Punkte im Horoskop dazu benutzen können, uns immer mehr in diese Richtung zu entwickeln, indem wir uns mit immer mehr Teilen verbinden.

In diesem Sinne ist nichts Problematisches darin, immer mehr Faktoren ins Horoskop einzubeziehen, sofern wir nicht an den alten, patriarchal-begrenzten Deutungsmodellen festhalten. Sicherlich wird es schwierig, wenn wir irgendwann einmal mehr als zwölf Planeten haben und nur zwölf Tierkreiszeichen, denen wir sie zuordnen können. Sicherlich sehen wir den Wald vor lauter Bäumen nicht, wenn wir versuchen, immer mehr Planeten im Horoskop durch Aspekte miteinander zu verbinden und diese Aspekte dann in ihrer Gesamtheit zu interpretieren.

Wenn wir immer mehr Planeten ins Horoskop aufnehmen, werden wir nicht umhin können, den einzelnen Tierkreiszeichen mehrere Herrscher zuzuordnen, wie dies bereits jetzt der Fall ist, oder wir müssen den Tierkreis ebenfalls erweitern. Wenn wir einem Tierkreiszeichen mehrere Planeten zuordnen, können wir eine Art »Hierarchie« vom Grobstofflichen zum Feinstofflichen annehmen, wie Alice Bailey den Tierkreiszeichen andere Planeten als die üblichen zuordnete, die sie als sogenannte »esoterische Herrscher« bezeichnete.

Sicher ist, im nächsten Jahrtausend werden wir eine andere Astrologie haben als heute. Augenblicklich leisten wir die Pionierarbeit, das bruchstückhaft Erhaltene wieder zu vervollständigen und gleichzeitig neu Entdecktes und Erahntes in das bestehende System zu integrieren. Trotzdem oder gerade deshalb ist und bleibt die Astrologie eines der effektivsten Mittel auf dem Weg zur Selbstfindung und -erweiterung hin zur Allverbundenheit. Doch eines wird sich wandeln müssen, da es sich für uns in Zukunft nicht mehr eignen wird: Die Deutung und das heißt der Umgang mit dem Horoskop. Wie ich bereits erwähnte, müssen wir die einzelnen Energien in unserem Horoskop intuitiv oder medial erforschen und erfahren, um sie zu integrieren und dadurch immer kreativer zu werden und mehr Ganzheit zu erlangen. Das wird die zukünftige Priorität der Astrologie sein und ihr neue Bedeutung im Sinne des Eintritts von Pluto in das Tierkreiszeichen Schütze zur Jahrtausendwende verleihen.

Alice Bailey ordnete dem Schützen die Erde als esoterischen Herrscher zu. Pluto im Schützen stellt unsere bisherigen religiösen und spirituellen Vorstellungen in den Brennpunkt. Ziel dieser Konstellation ist die Erlangung einer höheren Stufe der Erkenntnis des Göttlichen durch eine tiefgreifende Katharsis. Pluto schickt uns in dem Bereich, der von dem jeweiligen Tierkreiszeichen symbolisiert wird, buchstäblich durch die Hölle ans Licht, wobei wir im günstigsten Fall einen weiteren Zyklus der Initiation oder Einweihung durchlaufen (auf den unbewußten, gröberen Ebenen müssen wir mit fanatischen Religionskriegen und sich bekämpfenden Weltanschauungen rechnen). Auf die Astrologie bezogen rückt der Zeitpunkt näher, wo das alte System tatsächlich zu begrenzt ist, um im traditonellen Sinne beibehalten zu werden. Die Erweiterung der Astrologie steht an. Wenn Pluto den Steinbock erreicht, werden die Menschen mit einer gewandelten Astrologie in einer völlig neuen Form arbeiten.

4 Die Schöpfung hat einen wunderbaren, blauen Planeten mit solchen Lebensbedingungen ausgestattet, daß er sich für ihr Vorhaben zur Verfügung stellen kann. Ohne seinen Heimatplaneten Erde ist der Mensch nicht denkbar, selbst wenn es heute im Rahmen der Raumfahrt möglich erscheint, uns in Zukunft auch auf anderen Planeten wie zum Beispiel dem Mars anzusiedeln. Dennoch müssen wir als Menschen auch auf einem anderen Planeten erdähnliche Bedingungen herstellen, um dort als Mensch existieren zu können.

Erde und Mensch sind untrennbar miteinander verbunden. Sie bilden ein Paar, das sich, wie alle anderen Paare, seien dies Mann und Frau, Mutter und Kind, Vater und Kind, Freund und Freund oder Mensch und Tier, gegenseitig Schmerz und Freude bereiten. Die Erde wurde vom Menschen in der Vergangenheit mehr gequält, mißhandelt und mißbraucht, als liebevoll behandelt. Doch sie wurde auch mit kunstvollen Schöpfungen geschmückt und von vielen Menschen mit Liebe und Demut verehrt wie kein anderer Planet in unserem Sonnensystem. »Mutter Erde« hat gleichzeitig ihre Last und ihre Freude mit ihren Kindern.

Es gab und gibt auf der Erde immer wieder Rassen, die die Herrschaft übernehmen und sich die Erde und andere Völkergruppen im wahrsten Sinne des Wortes untertan machen. Sie mißbrauchen ihre Macht und leben und handeln ohne Liebe. Wie Goethes Faust opfern sie ihre Seele dem Reich der Finsternis. Meist erkennen sie zu spät, welchen Preis sie für die Macht, Leben zu zerstören, zahlen. Ihr Irrtum liegt in der Annahme, sie würden den Tod besiegen und könnten das Geheimnis des Lebens enthüllen, und ihre Illusion wird spätestens dann zerstört, wenn sie ihrer eigenen Sterblichkeit ins Auge sehen müssen.

Wievieler Wahrheiten wurden die Menschen immer wieder beraubt und wievielen Irrlehren sind sie erlegen, weil sie sich in bestimmten Zeiträumen den falschen »Göttern« unterwarfen!

Auch die Astrologie unterlag den Irrungen und Wirrungen der Menschen, seit sie aus ihrer Wiege gehoben wurde, die nach bisherigen Vermutungen im alten Babylon lag. Inzwischen ist jedoch klar, daß die Quellen der Astrologie noch viel weiter zurückreichen. Bis heute wurden uns meist Quellen männlicher Astrologen überliefert, angefangen von Ptolemäus aus Ägypten, über Kopernikus, Kepler bis hin zu Newton, der sich ebenfalls mit der Astrologie beschäftigte, was weniger bekannt ist.

Die »Renaissance« der Astrologie begann Ende des 19. Jahrhunderts in England und in Deutschland. Aus dieser Zeit werden auch heute noch die »Klassiker« der Astrologie verwendet, die von Alan Leo (1860–1917) und den deutschen Altmeistern wie Klöckler, Künkel, Ring, Kühr und Ebertin stammen.

In der überlieferten Astrologie wurde uns nicht nur die weibliche Seite unterschlagen, was allein schon ein Hinweis darauf wäre, warum man die Erde als rein mathematischen Bezugspunkt und nicht als astrologischen Planeten betrachtete, sondern auch die wahren Quellen, die sich unschwer finden lassen, wenn man von Babylon aus noch ein Stück weiter zurückblickt.

Wie wir heute aus der Archäologie wissen, liegt die Wiege der Menschheit in Mesopotamien, eben dem Landstrich, in dem auch das alte Babylon zu finden war. Das Volk, dem die Ursprünge dieser Kultur und unter anderem auch die gesamten indo-europäischen Sprachen zu verdanken sind, waren die Sumerer, über die die Altertumsforscher durch die Entschlüsselung ihrer Schriften erst seit jüngerer Zeit immer mehr in Erfahrung bringen.

Die enge Verbindung zwischen dem Land der Sumerer und Ägypten ist offensichtlich, und eine weitere läßt sich unschwer in den Hinweisen auf das Seekönigreich finden, das wir als den immer noch geheimnisumwobenen Inselkontinent »Atlantis« kennen. Dort liegen nach meiner Auffassung die wahren Ursprünge der Astrologie, die später in Ägypten wiederzufinden sind, wohin dann auch die Griechen reisten, um sich astrologisches Wissen anzueignen.

Anhand der sumerischen Texte ist erwiesen, daß die Sumerer zwölf Planeten in unserem Sonnensystem kannten, wobei sie Sonne und Mond als Planeten miteinbezogen. In einem mesopotamischen Text heißt es:

> »Die Zahl der Himmelskörper ist zwölf.
> Die Standorte seiner (des Sonnensystems; Anm. d. Verf.)
> Himmelskörper sind zwölf.
> Der vollständigen Monate des Mondes sind zwölf.«[4]

Das Volk der Chaldäer ordnete jedem Monat ein Tierkreiszeichen und einen Planeten zu. Die zwanzigste Zeile der sogenannten TE-Tafel lautet:

> »Alles in allem zwölf Mitglieder, wozu der Mond und die Sonne gehören, bilden die Umlaufbahnen der Planeten.«[5]

Auf die Astrologie übertragen, die seit der Entdeckung des Planeten Pluto im Jahre 1930 mit zehn Planeten arbeitet (Sonne, Mond, Merkur, Venus, Mars, Jupiter, Saturn, Uranus, Neptun und Pluto), bedeutet dies, daß uns immer noch Planeten fehlen bzw. in den Überlieferungen unterschlagen wurden oder verloren gegangen sind. Auf Chiron, der inzwischen als elfter Planet betrachtet wird, gehe ich in einem späteren Kapitel ein. (Siehe Kapitel 11: »Chiron, Lilith und Erde« auf Seite 164.)

Ein weiteres Indiz dafür, daß zumindest bis ins ptolemäische Zeitalter in Ägypten hinein jedem Tierkreiszeichen ein Planet zugeordnet wurde, liefert eine Darstellung des Tierkreises von Athanasius Kircher aus Rom aus dem Jahre 1652 mit dem Namen »Ödipus aegyptiacus«. Darin finden wir noch die Namen ägyptischer Gottheiten.

Das Zeichen Widder wurde darin mit Amun verbunden, Stier mit Apis, Zwillinge mit Hercules und Apollo, Krebs mit Hermanubis, Löwe mit Momphte, Jungfrau mit Isis, Waage mit Omphta, Skorpion mit Typhon (Seth), Schütze mit Nephte, Steinbock mit Anubis, Wassermann mit Canopus und Fische mit Ichton.

Amun galt als der ägyptische Schöpfergott. Sein heiliges Tier war der Widder mit gedrehten Hörnern. Apis war der heilige Stier, der nach seinem Tod in den Gott Osiris einging, weshalb man auch von Osiris-Apis sprach. Hercules und Apollo entlehnte Kircher dem griechischen Götterpantheon. Isis war die Lebensgöttin, die in Alt-Ägypten als »Auge des Re«, des Sonnengottes, galt. Plutarch bezeichnete sie später jedoch auch als Mondgöttin. Typhon oder Seth war der »rote Gott« oder der Gott der Wüste. Anubis bewachte in Gestalt eines Hundes oder Schakals die Toten vor den bösen Mächten, um nur einige der Symbolbedeutungen zu nennen.

Sicherlich lassen sich die alten Zuordnungen nicht mehr genau rekonstruieren, und es käme einem Lebenswerk gleich, die Vermischung der alt-ägyptischen und ägyptischen Götter mit dem griechischen Olymp über die jahrtausendelangen Dynastien hinweg zu durchschauen. Dies ist für die moderne Astrologie auch nicht mehr von Bedeutung, zumal wir mit der Öffnung für das Bewußtsein des Wassermann-Zeitalters neue Kanäle haben, durch die uns die nötigen Informationen zufließen.

Warum ich diese Zusammenhänge dennoch erwähnt habe, liegt zum einen darin, daß ich auf die ursprünglichen Quellen der Astrologie aufmerksam machen will, die sicherlich auf Atlantis, und wenn wir nicht an die Existenz dieses Kontinents glauben wollen, mit Sicherheit auf die Sumerer zurückgehen. Diese Quellen geben uns noch weitere, beinahe phantastisch anmutende Hinweise auf einen zwölften Planeten, auf die ich in meinem Buch »Intuitive Astrologie. Neue Wege aus alten Grenzen« näher eingehe.

Zum anderen fand ich auf diesem Weg die Göttin Isis in Verbindung mit dem Tierkreiszeichen Jungfrau, was in bezug auf die Wiederentdeckung der Erde als astrologischer Planet sehr aufschlußreich ist. Die Achse Jungfrau – Fische mit der bisherigen Planetenzuordnung Merkur – Neptun, erhält eine verblüffende Klarheit, wenn wir Merkur als ohnehin für die Jungfrau nicht stimmigen Herrscher ersetzen und die Jungfrau endlich wieder mit der Erde als astrologischem Planeten verknüpfen.

Zwei Dinge sollten unsere Aufmerksamkeit auf sich ziehen: Erstens, daß bereits zwölf Planeten »vorhanden« waren und in der heutigen Astrologie anscheinend tatsächlich zwei Planeten fehlen. Zweitens, daß dem Zeichen Jungfrau die Göttin Isis zugeordnet wurde. Auch die Entdeckung der drei transsaturnischen Planeten, Uranus, Neptun und Pluto, ist ja in Wirklichkeit keine Neuerscheinung derselben, sondern eine Wiederentdeckung. Wir entdecken nur etwas wieder, was schon längst da gewesen ist. Genauso verhält es sich mit den anderen Planeten unseres Sonnensystems, die bisher noch nicht berücksichtigt werden konnten.

5 In der Literatur des Wassermann-Zeitalters wird Isis häufig in einem Atemzug mit der römischen Venus, der griechischen Aphrodite und der sumerischen Göttin Ischtar genannt. Es ist beinahe zu einer Gewohnheit geworden, nur noch in Analogien zu denken, so als ob alles allem oder jedes Symbol wieder anderen Symbolen entspräche.

»Der Kult der Mutter Erde war überall verbreitet: im Olymp, in Delphi, in Athen wurde *Hera* verehrt. In Kleinasien wurde die Mutter Erde *Astarte* oder *Diana* genannt, in Ägypten *Isis*.[6]

In den verschiedenen Kulturen wurde eine gemeinsame weibliche Gottheit verehrt, Mutter Erde. In der Astrologie, in der sie nicht vorkommt, wurden die Repräsentantinnen der Muttergöttin auf die »weiblichen« astrologischen Planeten, Mond und Venus, verteilt, wobei die Zuordnungen stets ungenau und unklar blieben.

Gerade in der Astrologie erweist es sich als notwendig, die verschiedenen Götter in Hinblick auf ihren archetypischen Symbolgehalt klar voneinander abzugrenzen. Auch im Pantheon, im Reich der Götter, gibt es viele verschiedene Wirklichkeiten, Welten oder Dimensionen, die parallel oder gleichzeitig existieren und sich gegenseitig durchdringen, weshalb aber nicht alle in einem direkten Sinnzusammenhang stehen müssen.

Am deutlichsten wird dies in dem leider immer noch vorhandenen Mißtrauen, das naturwissenschaftlich orientierte Menschen der Astrologie entgegenbringen. Sie versuchen, die Astrologie von ihrer Perspektive aus in die Beweispflicht zu nehmen, was so nicht gelingen kann und wird. Da werden immer noch Astronomonen zu astrologischen Diskussionen eingeladen, deren Argumente zwangsläufig am Thema vorbeigehen, als wollte man Äpfel mit Birnen vergleichen.

Dies wäre gerade so, als ob man die Wahrheit unserer Gefühlswelt mit den Mitteln der medizinischen, physikalischen oder chemischen Analyse nachweisen wollte. Liebe ist ein Gefühl oder ein Zustand, den jeder Mensch kennt und ihn, wenn er dieses Gefühl verspürt, nicht im geringsten anzweifelt. Es herrscht ein allgemeiner Konsensus darüber, unsere Gefühle als »echt« und wahr anzuerkennen, ohne daß wir uns die Echtheit derselben ständig beweisen oder rational erklären müßten.

Die Schwierigkeit, der sich die Astrologie immer wieder gegenüber sieht, liegt darin, daß sie sich einer Berechnungsmethode bedienen muß, die auf astronomischen Gegebenheiten, nämlich den Umlaufbahnen der Planeten basiert.

Ich möchte hier nicht näher auf die Mißverständnisse und Vorurteile eingehen, die von seiten der Naturwissenschaft gegen die astrologischen Berechnungen bestehen und die von vielen astrologischen Experten immer wieder entkräftet worden sind. Dazu gibt es Literatur und Informationsmaterial zur Genüge.

Vielmehr geht es darum aufzuzeigen, daß sich beispielsweise auch das I Ging oder der Tarot materieller Hilfsmittel wie Münzen oder Karten bedient, um zu »nicht-stofflichen« Aussagen zu kommen. Allmählich kommen wir zum springenden Punkt, nämlich, daß alle Methoden der Selbsterfahrung und Erkenntnis sich eines stofflichen Mediums bedienen können, um anhand einer bestimmten »materiellen« Form nicht-stoffliche Gegebenheiten dem Bewußtsein zugänglich machen zu können.

Es scheint fast so, als bräuchten wir in unserer irdischen Verkörperung stets eine irdische Struktur, die wir wahrnehmen können, damit wir Inhalte des Bewußtseins und der Seele begreifen (worin wiederum das Wort »greifen« steckt). Diese irdische Form muß daher in Hinsicht auf die naturwissenschaftliche »Stimmigkeit« richtig sein, um als Medium der Erfahrung und Erkenntnis zu funktionieren.

Dies gibt uns die Freiheit, vielfältige Methoden verwenden zu können, um erfahrbare Aussagen zu treffen, die eine Resonanz in unserem Inneren hervorrufen. Man könnte sagen, es ist gerade die Resonanz, die mir beweist, wann eine Aussage tatsächlich zu-»trifft«, das heißt, etwas im Inneren berührt oder in Schwingung versetzt. Auch die Methoden der Psychologie, der Körperarbeit, der Visualisation und Meditation bewirken im Wesentlichen nichts anderes als eine innere Resonanz, die fühlbar, spürbar oder sichtbar und damit wahrnehmbar wird. Und alles, was wir wahrnehmen, heben wir ins Bewußtsein und fügen es ihm hinzu, wodurch eine Bewußtseinserweiterung geschieht.

6 Nach diesem kleinen Umweg möchte ich zurück zur Erde kommen. Letztlich handelt es sich um eine Erweiterung, wenn wir die Erde als Planeten entdecken, der in der astrologischen Deutung bisher nicht berücksichtigt wurde. Natürlich hatten die Urväter der Astrologie einen guten Grund dafür. Sie argumentierten, die Erde bzw. der Geburtsort des Menschen auf der Erde, sei der Ort, von dem aus sich der Himmel (und damit die Planetenkonstellationen) dem Betrachter in der Form darstellt, wie dies im Horoskop abgebildet ist.

Es ging also darum, den Menschen als in ein bestimmtes Geschehen oder eine bestimmte Zeitquälität auf der Erde hineingestellt zu sehen, die nur von der Erde aus in der jeweiligen Gestirnskonstellation am Himmel erscheint. Natürlich sähe das Horoskop eines Menschen ganz anders aus, wenn er auf dem Mars geboren worden wäre, da sich die Konstellationen in diesem Fall vom Mars aus dem Auge des Betrachters darböten.

Nun kommen wir zu einem folgenschweren Irrtum: Wenn heute ein Kind geboren wird, entspricht das Horoskop, das wir für es berechnen, nicht den Planeten, so wie wir sie nachts am Himmel sehen. Das Gesetz von der Synchronizität trifft deshalb nicht mehr eindeutig zu, wenn es um eine bestimmte Gestirnskonstellation zu einem bestimmten Zeitpunkt auf der Erde geht.

Vielmehr ist das Ereignis der Geburt synchron mit der Berechnungsmethode der Astrologie. Worauf ich hinaus möchte, ist die Tatsache, daß wir nicht unbedingt an dem alten geozentrischen Modell der Astrologie festhalten müssen, um aufgrund des Horoskops zutreffende Aussagen machen zu können. Dennoch kann es auch problemlos beibehalten werden, selbst wenn wir in Zukunft die Erde als astrologischen Planeten für uns deuten.

Wenn Sie dazu in der Lage sind, und nur darum geht es, jemandem aus der Stellung eines Stuhls in seinem Zimmer einen inneren Zustand zu deuten, ist diese Methode ebenso zulässig wie jede andere. Der Punkt ist, daß Sie ein Medium »beherrschen« oder richtig benutzen müssen, damit es seinen Zweck als solches erfüllen kann.

Deshalb ist auch der Streit unter manchen Astrologen, ob Planetoiden wie Chiron ins Horoskop eingezeichnet und zur Deutung herangezogen werden können, eigentlich überflüssig. Ob Ihnen ein Stuhl oder Chiron zu einer Bewußtseinserweiterung verhelfen, ist völlig egal. Hauptsache, es wirkt!

Kommen wir nun noch einmal zurück zur ägyptischen Göttin Isis, die ich vorhin bereits im Zusammenhang mit der Erde erwähnt habe. Interessant an Kirchers Zuordnung der Göttin Isis zum Tierkreiszeichen Jungfrau ist zum einen die Tatsache, daß er eine weibliche (in der bisherigen Astrologie »Venus-«) Entsprechung verwendete. Isis galt als die lebensspendende Göttin, die den Tod überwand. Auf ihren Mythos möchte ich in einem späteren Kapitel genauer eingehen.

An dieser Stelle erscheint mir diese Zuordnung insofern erwähnenswert, als sie darauf hinweist, daß die Jungfrau ein weibliches Zeichen ist, was von Merkur, der ihr in der Astrologie zugeordnet wird und ein sogenannter androgyner (zweigeschlechtlicher) Planet ist, nicht symbolisiert wird, obwohl Jungfrau von ihrem Namen her bereits weiblich ist. Ursprünglich war in den Mysterienschulen mit der »Jungfrau« eine »Einweihungskandidatin« gemeint, eine Frau also, die spirituelles Wissen und übersinnliche Fähigkeiten erwirbt und auf dem Weg zur Urheimat ist, wo Wahrheit, Erleuchtung und Allverbundenheit zu finden sind.

Angenommen, die Erde wäre die Herrscherin über das Zeichen Jungfrau, ließe dies darauf schließen, daß uns hier von den männlichen Vertretern der Astrologie eine Fülle an Erkenntnissen vorenthalten wurde. Natürlich haben sich die alten Astrologen selbst etwas vorenthalten, denn nicht nur die Frauen sind die Leidtragenden der Männerherrschaft auch auf diesem Gebiet. »Der patriarchalische Monotheismus des Jahwe zerstörte den matriarchalen Pantheismus weitaus früherer Religionen aufgrund der männlichen Auffassung von der Schöpfung.«[7]

Dies ist kein Buch über die Folgen des Patriarchats und auch kein Angriff auf die Männer. Ich möchte an dieser Stelle klarstellen und betonen, daß mein Mitgefühl Männern und Frauen gleichermaßen gilt. Durch die Ignoranz und Arroganz der Männerherrschaft und die Passivität und Opferbereitschaft der Frauen ist die Welt zu dem geworden, was sie ist. Heute sind Mann und Frau als das Schöpferpaar dazu aufgerufen, sich mit dem Herzen zu begegnen, gemeinsame Lösungen zu finden und neue, partnerschaftliche Wege einzuschlagen. Nur so kann die Erde zu einem Ort werden, an dem das »neue« Bewußtsein auch eine neue Schöpfung hervorbringt.

Vielleicht ist gerade aus diesem Grund die Entdeckung der Erde als astrologischer Planet von großer Wichtigkeit. Die Zeit ist reif, um sich von der Unbewußtheit des Erdenlebens zu lösen, die sich in der Astrologie darin ausdrückt, daß wir den Planeten, auf den wir jeden Tag unseren Fuß setzen, nicht in unsere Betrachtungen mit einbeziehen.

Die indianischen Schamanen ehren Mutter Erde, indem sie sie in ihren Tänzen liebevoll mit ihren Füßen berühren. Sie beziehen Kraft aus der Erde, indem sie ihre Füße bewußt auf die Erde setzen. Wenn sie über eine Wiese laufen, gehen sie nicht einfach durch das Gras, sondern auf Mutter Erde. Die Indianer und auch andere naturverbundene Völker nehmen die Erde viel mehr als eigenständiges Wesen oder als ihren Heimatplaneten wahr als die vom Patriarchat und der katholizistischen Machtausübung geprägte Welt.

In der westlichen Astrologie scheint es geradezu, als ob der Mensch und die Erde eins oder in einem gemeinsamen Schicksal untrennbar miteinander verbunden seien. Selbst wenn Astrologen von einem »homozentrischen«, also auf den Menschen bezogenen Weltbild sprechen, da sich ihm, wie bereits gesagt, der Himmel nur zum Zeitpunkt seiner Geburt an seinem Geburtsort auf seine ganz individuelle Weise darbietet, bleibt die Frage offen, warum seinem Heimatplaneten in diesem Gefüge keine Be»deutung« zukommt. Je länger ich darüber nachdachte, desto mehr Ungereimtheiten tauchten in dieser Hinsicht auf.

Wenn man den aktuellen Stand der Dinge auf unserer Erde betrachtet – die nukleare Bedrohung, die Zerstörung der Umwelt, das Ozonloch, das Aussterben vieler Tier- und Pflanzenarten usw. –, könnte man tatsächlich glauben, das Schicksal der Erde hinge ganz unmittelbar mit dem ihrer Bewohner zusammen. Zweifellos besteht dieser Zusammenhang, aber nur, solange es Menschen auf diesem Planeten gibt. Kämen morgen Außerirdische auf die Erde, wären sie es, die das Leben auf ihr mitgestalten.

»Wir können das Experiment Erde für uns beenden.... Wir haben die Macht, uns alle vom Gesicht der Erde zu wischen und dieses Gesicht dabei kurzfristig zu zerkratzen. Die Erde würde sich schütteln, erholen und weiter ihre Bahn ziehen.«[8]

Nun können Sie einwenden, es sei aber nun einmal so, daß jetzt in diesem Augenblick die Menschheit die Erde bevölkert und keine Außerirdischen. Und natürlich haben Sie recht. Ich möchte Ihr Augenmerk nur auf die Tatsache lenken, daß ein wenig mehr Distanz zwischen Mensch und Erde nötig ist, um sie wieder als eigenständigen Organismus und Planeten wahrzunehmen, der sehr wohl vom Menschen getrennt ist.

Mir scheint es eher so, daß die menschliche Inkarnation untrennbar mit diesem Planeten verbunden ist, denn wie ich zu Anfang erwähnte, gibt es diese Verkörperung der Seele als Mensch nur in Verbindung mit der Erde. Die Erde hingegen existiert auch unabhängig vom Menschen, und könnte ebensogut von anderen Lebewesen bewohnt sein, was wahrscheinlich auch schon der Fall gewesen ist.

Um mich nicht in Tausend Details und Erklärungen ergehen zu müssen, stelle ich hier einfach einmal die Behauptung auf, die vom männlichen Denken entwickelte, von uns bisher praktizierte Astrologie habe uns die Erde als Planet unterschlagen. Als ich mich auf die Suche nach der Erde machte, fand ich die Erde einzig in zwei »matriarchalen« Astrologiebüchern als »gleichberechtigter astrologischer Planet« erwähnt.[9]

Wenn wir uns später näher mit der Bedeutung der Erde in den einzelnen Tierkreiszeichen befassen, werden Sie sicherlich besser verstehen, welche Auswirkungen diese Tatsache hatte. Dann leuchtet es auch ein, warum die Erde bisher tatsächlich »fehlt«. Vielleicht erklärt dieser (astrologische) Zusammenhang auch, warum es soweit kommen konnte, daß die Erde als Lebensraum vom Menschen selbst in so große Gefahr gebracht worden ist. Möge diese Erkenntnis zu der Vision beitragen, die wir brauchen, um unsere Innenwelt so zu verändern, daß »wir von Terroristen zu Terraristen werden, zu verantwortlichen Bewohnern unserer Körper und unserer lebendigen Umgebung.«[10]

Erstes Kapitel

Urmutter Erde

Frauen und Männer finden in dem Planeten Erde eine Mutter, die ihnen auf dem Weg, erwachsen und eigenverantwortlich zu werden, zur Seite steht. Die Erde ist die Mutter für das Kind in uns. Wenn Frauen selbst Mutter werden, wird sie zur Schwester und Verbündeten – die Mutter als beste Freundin. In Gestalt der Wilden Frau, der Wolfsfrau, prägt sie sich dem Kind als Urmutter ein, aus der der Erwachsene für den Rest seines Lebens Kraft schöpfen und bei der er jederzeit Zuflucht finden kann.

So wie Mann und Frau das Leben »ohne Erde« bisher gestaltet haben, das heißt, ohne bewußte Integration der Erde, sind sie inzwischen gefühlsmäßig und seelisch beinahe verhungert, obwohl sie äußerlich von materiellem Luxus umgeben sind.

Tatsächlich zerstört der Mensch die Quellen von Mutter Erde, die ihn nähren sollen. Er begeht buchstäblich einen Muttermord. Inzwischen ist es sogar so, daß das Muttersein die Frau an den Rand des »seelischen Hungertods« und der körperlichen Erschöpfung bringen kann, da Männer ihre Vaterrolle aufgrund der beruflichen Zwänge nur noch schwer erfüllen können. Darüber hinaus gibt es eine Unmenge von alleinerziehenden Müttern, die zusätzlich auch noch arbeiten müssen.

»... es ist einfach unmöglich, eine Frau zu sein und wie ein Mann leben zu wollen, voll berufstätig zu sein und eine liebevolle Mutter zu sein. Gleichzeitig stehen viele Frauen ständig unter Druck, sich behaupten zu müssen, entspannt, inspirierend und schöpferisch zu sein, nach männlichen Werten zu streben und auch noch die eigenen, persönlichen Bedürfnisse zu berücksichtigen – und das alles zur gleichen Zeit«, schreibt Rosi Wesselhöft.[11]

Sabine Reichel bezeichnet diesen Zustand als »unakzeptable Zumutung« und meint: »Jeder Person, die einen anstrengenden Job und obendrein zu Hause noch Kinder und einen Erwachsenen zu versorgen hat, die verständlicherweise über Erschöpfung und das Gefühl des Ausgenutztwerdens klagt, müßten alle Sympathien zufliegen.«[12]

Frauen »er-schöpfen« sich, und machen es sich damit schwer, schöpferisch zu sein. Um es ganz deutlich zu sagen, zerstören sie ihr Frau-Sein, ihre Schöpfung als Frau. Erschöpfung macht das Schöpferisch-Sein unmöglich und bedeutet die Zerstörung des kreativen Potentials. Ebenso ausbeuterisch und grausam geht der dem patriarchal geprägten Bewußtsein verhaftete Mensch mit Mutter Erde um.

Umweltkatastrophen wie das Waldsterben, sich häufende Havarien von Öltankern, Flutwellen, Hurricanes, lebensbedrohliche Krankheiten, die Gesundheitsgefährdung durch das Ozonloch und Umweltgifte, Kriegsbedrohung, die Gefahr von Reaktorunfällen, die Bedrohung von radikalen Randgruppen, Flugzeugabstürze, die systematische Ausrottung von Tieren und Pflanzen, die Brandrodung des Urwalds – all diese Katastrophen sind uns ständig gegenwärtig.

»Wir sind hilflos inmitten der Katastrophe um fünf nach zwölf, können es nicht mehr anders ertragen, als betäubt durch Fernsehen, Musik, Drogen, Rummel, Arbeit, oder im Schutze einer sich selbst gratulierenden Gruppe von Durchblickern um einen großen Durchblicker. Also kreieren wir mehr Katastrophen. Wir machen Terror aus Verzweiflung über uns selbst und unseren erbärmlichen Zustand.«[13]

Zu diesen äußeren Katastrophen kommen die inneren hinzu. Das Gefühlschaos des modernen Menschen, das durch den Streß des Berufs, des Großstadtlebens, der Doppelt- und Dreifachbelastung besonders der Frauen durch Beruf und Familie, die zunehmende Vereinsamung, Beziehungslosigkeit und die Unmenschlichkeit und eskalierende Gewalttätigkeit der »Konsum-als-Ersatz«-Gesellschaft verursacht wird.

»Frauen können von ihren Familien und der Gesellschaftsschicht, der sie angehören, so zutiefst gedemütigt worden sein, daß sie den instinktiven Halt, also den Zugang zur mütterlichen Komponente ihrer Wildnatur, verlieren.«[14] Aufgrund dieser Instinktverletzung verlieren Frauen ihr gesundes Urteilsvermögen und entwickeln selbstzerstörerische Fluchttendenzen. Dasselbe trifft auch auf Männer zu.

Angesichts dieser Tatsachen kann man mit Recht behaupten, daß wir wahrhaftig die Hölle auf Erden erleben. Der Himmel scheint trotz aller Fortschritte auf technischen und naturwissenschaftlichen Gebieten immer weiter von unserem blauen Planeten und seinen Bewohnern wegzurücken. Wie Ertrinkende klammern sich die Menschen an all die vielfältigen Illusionen, die ihnen erfinderische, geschäftstüchtige und gewissenlose Geister auf Schritt und Tritt als Trostpflaster verkaufen.

Die Sehnsucht nach ein bißchen Frieden, Herzenswärme, Vertrauen, Hoffnung und Liebe wächst in dem Maße, wie ihre Chancen, sie in der Wirklichkeit zu erhalten, abnehmen. Die Bilanz der Menschheitsgeschichte gegen Ende des 2. Jahrtausends ergibt ein Bild des Jammers – eine zerstörte, kranke, leidende Natur und der Mensch umgeben von inneren und äußeren Katastrophen, in Verzweiflung und Hilflosigkeit blind um sich schlagend in dem Gefühl, seelisch nicht geschützt und nicht genügend genährt zu sein.

Man fragt sich, wo der Aufschrei bleibt, das Aufbäumen gegen ein Leben, das wohl niemand mehr zu lieben vorgeben kann, und die Auflehnung gegen den Umgang der Menschen miteinander, die wohl keiner mehr als liebende Wesen bezeichnen kann. Das wäre angesichts des von Menschen geschaffenen Status quo die blanke Heuchelei.

Wenn etwas zur Heilung des Menschen und seines Planeten fehlt, dann die fürsorgliche Liebe, die Herzenswärme, Vertrauen und Lebensfreude schenkt – alles Eigenschaften der Urmutter. Doch die Angst (von lat. angustus = eng) lähmt und macht die Herzen »eng«, wenn man tagtäglich mit drohenden Katastrophen leben muß. Um von dieser Angst nicht überwältigt zu werden, haben sich viele sichtbare und unsichtbare Helfer dem Menschen zur Verfügung gestellt, damit er sich selbst die Chance gibt, auf der Erde zu überleben und dort Verhältnisse zu schaffen, die heilsam und schöpferisch sind.

Wieviel Liebe hat die Erde für ihre Bewohner, und wieviel Liebe strömt den Undankbaren aus ihrem Bauch und den an sie angrenzenden Welten zu! Wie eine Mutter gibt sie ihre Kinder nicht auf, selbst wenn diese sich auf ihrem Rücken austoben und wüten, als wären sie von allen guten Geistern verlassen. In ihrer Weisheit fühlt sie, daß all die Raserei der Ausdruck von tiefstem Schmerz ist, dem Schmerz, der daraus entsteht, wenn das Vertrauen ins eigene Überleben gestört ist.

»Wenn Du an Mangel als Erklärung für den Zustand der Welt glaubst, dann kannst Du es nicht bei dieser einen Erklärung für die Welt belassen.... Jeder weiß, daß im Universum alles im Überfluß vorhanden ist. Tatsache ist, daß wir aus dem Mangel heraus denken. Der Gedanke des Mangels ist so sehr Teil unserer Denkstruktur geworden, daß es keine Frage mehr ist, ob es Mangel gibt oder nicht. Wir denken all unsere anderen Gedanken aufgrund der unbewußten Voraussetzung von Mangel«, schreibt Ron Smothermon.[15]

Mit dem Tauschmittel Geld wurde die wirkungsvollste Waffe geschaffen, mit der man Macht über das Leben anderer gewinnt. Geld ist heute das, womit wir uns »ernähren«, aber es ist keine Frucht, die die Erde hervorbringt. Wir können nicht einmal mehr darauf vertrauen, daß uns die Erde mit ihren Früchten ernährt, die wir ohne den Umweg über das Geld nicht mehr ernten dürfen.

In dem südindischen, am Meer gelegenen Dorf Kovalam im Bundesstaat Kerala leben die Fischer in Armut, seit der Fischbestand durch die Dynamitfischerei so stark reduziert wurde, daß sie keine Fische mehr für ihren eigenen Bedarf fangen dürfen, sondern sie auf dem Markt oder an Hotels verkaufen müssen, um Geld dafür zu bekommen. Fisch ist jedoch inzwischen so teuer geworden, daß ihr Geld wiederum nicht dafür reicht, sich selbst Fisch zu kaufen. Die Einheimischen müssen sich kärglich ernähren, obwohl die Nahrung, die ihnen die Erde schenkt, ohne daß sie erst Geld dafür bräuchten, direkt vor ihrer Haustür zu bekommen gewesen wäre.

Worum es im Zusammenhang mit der Wildnatur der Urmutter geht, ist nicht das Thema »Zurück auf die Bäume«. Vielmehr beschäftigen wir uns mit der Ursache, die den augenblicklichen Lebensbedingungen auf der Erde zugrunde liegt. Mutter Erde wurde entmachtet, so wie die Macht der Frau untergraben wurde, nicht zuletzt auch von den Frauen selbst. In den letzten Generationen waren es gerade die Mütter, die aus ihren Söhnen all die eitlen Paschas machten, die später einmal die Welt regieren würden.

Fast ausnahmslos jeder Mensch erkennt heute die Macht des

Geldes an, vielleicht abgesehen von ein paar wenigen Urwaldstämmen, die sich immer noch unmittelbar »von der Hand in den Mund«, das heißt von Mutter Erde, ernähren können. Der von den Indianern stammende Spruch, daß man Geld nicht essen kann, bedeutet in diesem Zusammenhang nichts anderes, als daß wir am ausgestreckten Arm verhungern, wenn wir weiterhin der Täuschung erliegen, Geld würde uns ernähren.

Geld ist kein Nahrungs-, sondern ein neutrales Tauschmittel. Durch unser Mangel-Denken machen wir es erst zu einem Machtmittel und heute ist es in letzter Konsequenz nichts anderes als eine große Illusion. Der Wert des Geldes ist manipulierbar, wie der Film »Wall Street« einleuchtend gezeigt hat. Wer clever und gerissen genug ist, kann, wie der Schauspieler Michael Douglas in dem Film, einen Börsenkrach bewirken, wenn er die Spielregeln beherrscht. Jedem Kind leuchtet heute ein, daß das Geschick der Welt noch nie in den Händen der Politiker lag, sondern immer in den Händen derjenigen, die die Macht über das Geld haben. Die Redensart »Geld regiert die Welt« kommt nicht von ungefähr.

Geld als Symptom und Ersatzdroge für den tiefen Seelenhunger ist auch einer der Gründe, warum die Menschen kein Vertrauen mehr in Mutter Erde und damit ins Leben haben. Inzwischen muß sich jeder Erdenbürger eine Eintrittskarte ins Leben kaufen, sonst ist sein Überleben in seiner würdigen Verhältnissen nicht gewährleistet. Vom ersten Atemzug an dreht sich unser ganzes Leben nur ums Geld, selbst wenn uns dies längst nicht mehr bewußt ist.

Es fällt uns schon gar nicht mehr auf, daß wir nicht Monopoly spielen, sondern tagtäglich nach Monopoly-Regeln leben. Und wehe dem, der aus dem Spiel aussteigen und seinen »inneren Wolf« leben will, um sich frei zu verwirklichen und ein Leben zu führen, das seinem Wesen gemäß ist! Der darf gerade noch am Existenzminimum dahinvegetieren, solange Geld als Symptom für das Mangel-Denken die Macht über sein Leben hat.

»Nur fünf Prozent der Bevölkerung sind im Alter von 65 Jahren finanziell unabhängig, während andere fünf Prozent in diesem Alter so arm sind, daß sie sich nicht zur Ruhe setzen, sondern weiter arbeiten müssen. 54 Prozent der Menschen beziehen eine Rente unter dem Existenzminimum.«[16] So sieht

Ron Smothermon die amerikanischen Verhältnisse, die in Europa genauso realistisch sind.

Die Geschichte von Diogenes und seiner Tonne ist heute scheinbar unmöglicher geworden denn je. Freiheit wird erst dann möglich, wenn man reich ist. Aber selbst dann ist man abhängig davon, seinen Reichtum nicht zu verlieren.

Geld könnte jedoch wieder zu einem neutralen, einheitlichen Tauschmittel für Waren und Dienstleistungen werden, wenn sich die Machtverhältnisse auf der Erde ändern. Aber dafür brauchen wir zunächst einmal wieder Vertrauen, daß uns die Schöpfung ernährt und unser Leben erhält. Nur eine starke Mutter kann uns Halt geben. Nur eine Mutter, die schöpferisch ist und nicht »er-schöpft«, weckt in uns die eigene Kreativität und das Urvertrauen ins Überleben.

In ihrem tiefen Mitgefühl und ihrer unendlichen Geduld hält die Große Mutter der Gewalt stand, erträgt die Qualen, die ihr zugefügt werden, läßt sich ans Kreuz (das Symbol für die Materie) schlagen und duldet auch diejenigen, die »nicht wissen, was sie tun«. Aber heute ist es nicht mehr wahr, daß wir nicht wissen, was wir tun. Vielmehr wissen wir manchmal nicht mehr, wie wir die alten Geleise verlassen und das Ruder herumreißen sollen.

Es gibt sie noch, trotz alledem. Mutter Erde lebt, auch wenn ihr Körper mit Wunden und Narben übersät ist nach langer Folter. Sie harrt aus und freut sich an den Kindern, solange sie noch kreative Kinder sind, an der Lebenslust der Tiere und dem üppigen Wachstum der Pflanzen. Sie lacht mit den übermütigen Delphinen und tanzt mit den zarten Schmetterlingen über blühende Wiesen wie eine anmutige Feenkönigin. Sie genießt die weiche Berührung mit dem samtigen Fell, wenn sich junge Katzen auf ihr balgen. Das ist Balsam für ihren wunden Körper und ihr gebrochenes Herz.

Viele ihrer erwachsenen und auch heranwachsenden Kinder haben jedoch vergessen, daß sie eine Mutter haben, sind blind geworden in ihrem Irrtum, in ihrem Herum-Irren. Sie haben die Orientierung auf ihrer Irrfahrt verloren, weil sie ihre Verbindung zur Seele durchtrennt haben wir eine Nabelschnur. In ihrem unreifen Verlangen nach Mündigkeit, haben sie ihre lebensspendenden Quellen entmündigt. In ihrem unreifen Streben nach Obrigkeit, haben sie sich alles »unter-tan« gemacht, was ihrem anmaßenden Aufstieg im Wege stand. Ihr Erbe ist oben-unten, Macht-Ohnmacht, Täter-Opfer, Leben-Tod. Aber ihr Oben ist eine waghalsige Gratwanderung, ihre Macht ein trügerischer Größenwahn und ihre Un-Taten fallen auf sie zurück wie ein Bumerang. Der Tod ist ihr ärgster Feind und gleichzeitig ihr As im Ärmel, solange sie der Selbsttäuschung erliegen, sie wären es, die über Leben und Tod entscheiden.

»Auch wenn manche modernen Psychologen von der Überwindung des gesamten Mutterkomplexes sprechen, als handle es sich um einen unerläßlichen Regierungssturz, den jeder einzelne nachvollziehen muß, um geistig und emotional zu gesunden, ist der Archetyp der instinktiv Bemutternden unzerstörbar und kann nie wirklich überwunden werden. Allein der Versuch würde bedeuten, daß eine Frau ihre eigene Wesenstiefe verleugnet, die ihr innewohnende Instinktnatur, die alle kreativen Anstöße enthält, die Medizin des heilenden Wissens und die mütterliche Art der Liebe und selbstlosen Fürsorge. Anstatt uns gewaltsam von der Mutter lösen zu wollen, machen wir uns lieber auf die Suche nach einer wilden Mutter, und diese kann letzten Endes nicht getrennt von uns existieren.«[17]

Mutter Erde ernährt uns trotz alledem. Sie schenkt uns die Früchte ihres Leibes, Wasser, Luft und Wärme. Sie macht uns großzügige Geschenke und verwöhnt uns mit erlesenen Köstlichkeiten. Sie bietet Genüsse für alle menschlichen Sinne. Düfte, Berührungen, Naturschauspiele. Sinnesfreuden für Augen, Ohren und Nase, die Geschmacksnerven, die Haut und das Herz. Wie unvorstellbar großmütig ist ihr erhabenes Wesen!

»Die Mutter ist eine Schule, in die man hineingeboren wird und in der man auch für den Rest seines Lebens zugleich Schüler und Lehrer ist. Wo wir auch hingehen, was wir auch tun, ob wir physische oder geistige Kinder in die Welt setzen, einen Garten pflegen, wissenschaftlich tätig sind oder einen Haushalt bestellen – auf all unseren Wegen begegnen wir der ursprünglichen und instinktiven Bemutterung.«[18]

Sonnenaufgang, Sonnenuntergang. Sternenhimmel, Regenbogen, Wasserfall, Schneeflocken, Lavendelfeld, Palmenstrand, Meeresbrandung, Nordlicht. Ein zugefrorener See, ein Seerosenteich. Eisblumen, Orchideen, Heckenrosen. Lilien,

Lotusblumen, Magnolien. Eichen, Bodhibäume, Sequoien. Lavastrom, Geysirdampf. Gletscher, Wüstensand. Katzenauge, Tigerauge. Seestern, Muschel, Grotte. Tautropfen. Nebel, Fata Morgana. Wunder, wunderbare Erde!

Die Erde gibt aus ganzem Herzen. Sie gibt ihre Schätze und gibt sich vollkommen ihrer Aufgabe hin, ihre Geschöpfe zu ernähren und ihnen auf diese Weise das Leben zu ermöglichen, das sie auf ihr verwirklichen wollen. In dieser Rolle ist sie Mutter, die Nährende, aber auch die Duldende, sich Hingebende. In dem Augenblick, wo sie ausgenutzt und ausgebeutet wird, wird sie zum Opfer.

Deshalb ist die Erde auch die Leidtragende der Launen, der Rücksichtslosigkeit, der Egozentrik, des Machtstrebens und der Überheblichkeit der Menschen. Sie trägt das Leid auf ihren Schultern, und wer sensibel genug ist, fühlt, daß das Leid, das ihr aufgebürdet wurde, unser eigenes, hausgemachtes Leiden ist.

Was den Menschen fehlt, ist Liebe und wahre Seelennahrung, und an diesem Mangel erkranken sie selbst. Die mangelnde Liebe macht sie grausam gegen die Schöpfung und damit auch gegen sich selbst. So ist der Leidensweg des Menschen auf der Erde keine Vergnügungsreise, sondern ein Weg zum Erkennen des Mangels und des Fehlenden und schließlich zum Bewußtseinswandel und zur Öffnung für die heilsame Energie der Liebe und der Kreativität.

Nur wenige Menschen haben starke Mütter, denn auch ihre Mütter sind erschöpft und geschwächt von einem Leben, das sie nicht wirklich Frau-sein ließ. Ihre wahre Macht kam niemals zur Blüte, und statt dessen lebten sie in dem Gefühl der Ohnmacht (»ohne Macht«) und ließen die Ausbeutung geschehen, indem sie sich aufopferten.

Im alten Denken, das in den patriarchalen Religionen vorherrscht, wird die Wildnatur und die damit verbundene Macht und Freiheit personifiziert und auf Gott und den Satan aufgeteilt. Dabei nutzt Gott die Macht zum Guten, der Teufel zum Bösen. Diese Macht ist dazu gedacht, Angst zu erzeugen und durch Unterdrückung zu herrschen. In den indischen Lehren des Tantra hingegen wird Macht in ihrer kreativen Ausdrucksform dargestellt und bedeutet »Lebendigkeit im eigenen Zentrum«. Macht hat derjenige, der sich selbst verwirklicht und sein Potential ungehindert lebt – wer frei und wild sein kann.

An welche Mütter können wir, als ihre Töchter und Söhne, uns halten, wenn unsere Mütter selbst so großen Mangel leiden, daß wir schließlich nicht einmal mehr auf ihre Liebe bauen können? Die Quellen einer kranken Mutter sind erschöpft. Frauen spüren diesen Mangel noch mehr und finden noch weniger Rückhalt in ihrer Existenz als Männer, die sich die Mutter untertan gemacht haben, so wie es ihnen von dem von ihnen erdachten, männlichen Gott empfohlen wurde.

»Hin und wieder wird eine Mutter erst durch ihre heranwachsende Tochter auf ihre wilde Wesensnatur aufmerksam. Die Identitätssuche der Tochter kann wie ein Auslöser funktionieren, durch den die Mutter die Antriebskraft erhält, ihre eigenen Schwanenflügel auszubreiten und zum verlorenen wahren Selbst zu finden. Wenn das geschieht, erkennen zwei wilde Schwäne ihre natürliche Schönheit im Auge des anderen wieder. Dann wird ein unzerreißbares Band zwischen Mutter und Tochter geschaffen.«[19]

Eine kranke Mutter kann uns keine Kraft geben. Vielmehr leidet sie selbst Mangel und braucht unsere Energie, indem wir ihr Hilfe leisten müssen. Dies zeigt sich auf der Erde in Ansätzen bereits in den verschiedenen Aktivitäten zum Umweltschutz. Wir werden noch sehr viel Energie in Form von Erfindungen, Geld und Aktivität zur Heilung der kranken Mutter Erde aufbringen müssen, um den menschlichen Überlebensraum wieder in Ordnung und Harmonie zu bringen, und um wieder eine gesunde, starke Mutter zu haben, die unser Vertrauen ins Leben bestärkt.

Die Rückbesinnung auf die Erde als einem astrologischen Planeten ist ein wichtiger Beitrag zur Heilung der Erde. Wenn wir in der Astrologie gelernt haben, beispielsweise die Marskräfte in uns zu entdecken, zu entfalten, zu erlösen und zu verwandeln, wenn wir so ferne Planeten wie beispielsweise Saturn, Jupiter oder gar Pluto als tatsächlich vorhandenes Potential von bestimmten Energien und Fähigkeiten in uns wahrgenommen haben, ist es wohl dringend an der Zeit, nach der Erde »in uns« zu suchen.

Was dem Menschen tatsächlich fehlt, ist die mütterliche »Erdkraft«. An diesem Mangel ist er erkrankt, und so unerlöst, wie die Erde um uns herum ist, sind es ihre Energien auch in unserem Inneren. So dringend, wie wir die Erde um uns verändern, verwandeln und heilen müssen, müssen wir die »innere« Erde ins Bewußtsein heben und ihre Energien in Fluß bringen.

Liegt nicht der Verdacht nahe, daß wir durch die Krankheit der Erde auf die Krankheit der Erdenergien in unserem Inneren aufmerksam gemacht werden sollen? Wenn Krankheit ein Hinweis auf etwas in uns ist, das nicht in Harmonie ist, wenn sie also ein Korrektiv darstellt, um etwas wieder in Ordnung zu bringen, ist die sterbende Natur ein Wink mit dem Zaunpfahl, die Erdenergien zu heilen.

Heilsein bedeutet wiederum Ganz-Sein, und Heilung ist der Weg dorthin. Ganz-Sein umfaßt die Integration aller Wesensanteile und der damit verbundenen Energien. Es geht also darum, die Erde in unsere Gesamtpersönlichkeit zu integrieren wie die anderen, bisher in der Astrologie verwendeten Planeten.

Wenn wir die Erde integrieren, bekommen wir endlich wieder eine gütige und großzügige Mutter – die Mutter, die in der Astrologie bisher gefehlt hat. Irrtümlicherweise suchte man sie in Saturn oder Mond, und beging damit einen »logischen« Denkfehler, der aus dem alten, patriarchalen Denksystem resultiert.

Mond und Saturn als Muttersymbole funktionierten in einem Umfeld, in dem das mütterliche Prinzip als passiv, empfänglich und gebend im Sinne von »auf die Bedürfnisse anderer reagierend« (Mond) dargestellt wurde, und in der Symbolik Saturns als formgebend, strukturverleihend (im Sinne der »Erziehung«), als Stützpfeiler der patriarchalen Familie, der sie tragen muß wie Atlas die Weltkugel.

Innerhalb dieser Sichtweise blieben sowohl Mond und Saturn, aber auch die Sonne »unerlöst«, da sie mit Irrtümern behaftet und teilweise falsch gesehen wurden. Obwohl die Sonne als zeugendes Vatersymbol richtiger interpretiert wurde, wird ihre ganze Bedeutung erst im Zusammenhang mit der wahren Mutter, nämlich der Erde, klar, wie wir später noch sehen werden.

Wenn man darüber nachdenkt, erstaunt es doch sehr, daß ein

einziger Planet – nämlich der Mond – sowohl Kind- als auch Mutterqualitäten in sich vereinen soll. Aber in der unmündigen Rolle, in die das Patriarchat beide zwängt, ist die Mutter in bester, patriarchaler Tradition des dem Mond zugeordneten Tierkreiszeichens Krebs das Hausmütterchen und die sich für ihre Kinder aufopfernde Mutter ohne eigene Bedürfnisse, Forderungen und natürlich ohne aktive Sexualität.

Dies wiederum führte zur Spaltung der Frau in Jungfrau und Hure, in die Heilige, die rein ist, weil sie dem patriarchalen Gott dient, und die Hexe, die unrein ist, weil sie mit dem Teufel im Bunde ist, wie es im Volksmund heißt. Gleichermaßen wird die Jungfrau als »Gebär«-Mutter benutzt, bei der Mann den Zeugungsakt vollzieht. Die Hure dient der Befriedigung der übersteigerten Phallus-Bezogenheit, in der sich der patriarchal geprägte Mann immer wieder bestätigen muß. Weder die Jungfrau noch die Hure sind die Frau, die wilde Erdfrau, die sie ihrem wahren Wesen nach ist. Welch wundersame Parallele, daß die Hexe auch die Hebamme war, die ihrer Schwester-Frau half, Leben zu gebären – und die »Hebamme wird ›irdene Mutter‹ genannt.«[20]

Wenn wir die Urmutter in der Erde wieder in uns entdecken und ihr neues Leben einhauchen, heilen wir die tiefe Wunde des Mangels, des verletzten Urvertrauens und stillen den Hunger unserer wilden Seele.

»Die zerbrechliche, unreife und unbemutterte Mutter in der Psyche wird geheilt, indem man sich eine oder mehrere Ersatzmütter in der Außenwelt sucht und sich von diesen möglichst älteren, weiseren, von Schmerzen und Herausforderungen wie durch Feuer gestählten Frauen bemuttern läßt, deren Augen *sehen,* deren Ohren *hören,* deren Zungen *sprechen* und die voller Verständnis sind.«[21]

Die astrologische Erde als die wilde Urmutter in uns schenkt uns Augen, die wieder sehen, Ohren, die wieder hören, eine Zunge, die wieder spricht, und ein Herz, das voller Verständnis ist. Menschen mit diesen Fähigkeiten erschaffen eine neue Welt.

Zweites Kapitel

Wilde Schwester Erde

Wenn ein Mädchen zur Frau und eine Frau Mutter wird, hat sie im günstigsten Fall das Glück, selbst eine Mutter zu haben, die ihr das Vertrauen in die Mutter und das Mutter-Sein im nicht traditionellen, übertragenen Sinne vermittelt hat. Wenn dies so ist, hat sie in dem Augenblick, wo ihr eigenes Mutter-Sein beginnt, in ihrer eigenen Mutter gleichzeitig eine Schwester gefunden, die ihr Vorbild, Orientierung und die beste Freundin ist. Sie hat die gleiche Erfahrung gemacht wie sie und kann ihr mit Kraft, Rat und Tat zur Seite stehen. Sie hat die gleichen positiven und negativen Gefühle, Ängste und Freuden erlebt, und kann ihr Mitgefühl schenken.

Leider sieht die Wirklichkeit meist anders aus. Wie Sabine Reichel erklärt, werfen »Tiermütter ihre Kinder erst aus der Sicherheit und Behaglichkeit des Nestes, nachdem sie ihnen alle Überlebenstaktiken, die sie benötigen, perfekt beigebracht haben.«[22] Kinder hingegen verlassen das Elternhaus meist verunsichert, mißtrauisch und verletzt, »nicht freudig und flügge, sondern mit gebrochenen Flügeln.«[23]

Wenn es um den Archetypus der Mutter geht, bezieht sich dies nicht ausschließlich auf den physischen Zustand der Mutterschaft. Im günstigsten Fall, das heißt, wenn wir heil sind, können wir die Funktion der Mutter in uns selbst finden. Das Gefühl von Sicherheit und Geschütztsein, das dem Vertrauen entspringt, sich fallenlassen zu können, da wir in unserem So-Sein nicht fallengelassen (sprich: abgelehnt) werden, erfahren wir in uns selbst. Diese fürsorgliche »Urmutter« gibt uns dann die Möglichkeit, einen anderen Aspekt der »Erde« und der »Erdfrau« in uns zu entdecken und zum Ausdruck zu bringen. Diesen Teil nenne ich *Wilde Schwester Erde*.

Die *Erdfrau* und ihr Muttersein ist nicht zwangsläufig damit verbunden, daß eine Frau Kinder bekommen muß. Schon Simone de Beauvoir sagte, daß »man nicht als Frau geboren, sondern dazu erzogen wird.« Ich glaube, daß wir heute gar nicht mehr wissen, was Frausein wirklich ist. Wir kennen unsere Erdfrau-Qualitäten kaum mehr und sind vielleicht gerade am Anfang, sie wieder aus ihrem Kerker zu befreien. Deshalb können wir nicht einmal mit Genauigkeit sagen, höchstens Vermutungen darüber anstellen, wie eine Welt aussehen wird, in der wieder »echte«, heile, authentische Frauen zum Ganzen beitragen. (Dasselbe trifft auch auf Männer zu.)

Genau wie der Mann hat die Frau das Recht, frei zu entscheiden, welches Potential und welche Teile ihres Frauseins sie in diesem Leben verwirklichen will. Es ist nicht die höchste Erfüllung einer Frau, Mutter von Kindern zu sein. Vielmehr ist oder sollte es eine Lebensentscheidung sein, wie jede andere auch. Genügend andere »Kinder« oder Schöpfungen, warten ebenfalls darauf, geboren zu werden, und diese lassen sich nicht immer mit der Betreuung und dem Aufziehen physischer Kinder vereinbaren.

Die Erde als Wilde Schwester gibt der Frau das Recht, frei zu entscheiden, wie sie leben und welchen Beitrag sie leisten will. Sie ist die Instanz, an der wir uns als Frauen (und auch als Männer) orientieren sollten, wenn es darum geht zu erfahren, wer wir sind. Die Erde ist nicht nur die ewig gebärende, fruchtbare Mutter. Sie zeigt uns viele Gesichter, zum Beispiel die Gesichter der vier Jahreszeiten. Sie blüht nicht immer unter strahlend blauem Himmel. In ihrer wilden Gestalt überrascht sie uns mit Sturm, Hagel, Blitz und Donner.

Die spontane Assoziation, die uns zu dem Wort »Wildheit« einfällt, ist Freiheit. Die Wildnis und die wilden Tiere erinnern uns zuallererst an ein freies Leben, das durch keine anderen, fremdbestimmten Einschränkungen behindert wird als die, die von den körperlichen Bedürfnissen bestimmt werden.

Eine der wohl am schwersten verständlichen Tatsachen des Menschseins ist der Widerspruch zwischen der Freiheit des menschlichen Willens einerseits, und andererseits den mit der Natur des Erdenlebens verbundenen, unabänderlichen Zwängen oder Grenzen. Es gibt Zwänge und Grenzen, die wir akzeptieren, ohne lange darüber nachzudenken oder uns klar zu machen, daß es sich um solche handelt, und daß wir allein schon aufgrund unseres physischen Körpers und der physikalischen Gegebenheiten auf unserem Planeten unfrei sind.

Wir müssen essen, trinken, atmen, unsere Körpertemperatur konstant erhalten, schlafen und vieles mehr, wenn wir leben wollen. Wir sind Zwängen unterworfen, von denen wir uns nicht befreien können, selbst wenn wir es wollten. Dasselbe gilt für die durch das Menschsein bedingten Grenzen. Der Mensch kann beispielsweise nicht aus eigener Kraft fliegen wie ein Vogel. Würde er es versuchen, würde er zwangsläufig scheitern und sein Leben in Gefahr bringen. Diese Tatsachen erscheinen uns ganz normal und sind deshalb kaum erwähnenswert, aber sie zeigen uns, daß wir als Menschen stets frei und unfrei zugleich sind.

Das Maß der Unfreiheit des Menschen hängt nicht nur von den physischen und physikalischen Bedingungen ab, sondern auch von dem Grad der menschlichen Evolution. Es soll Menschen geben, die ihren Herzschlag kontrollieren können und kaum mehr Nahrung zu sich nehmen müssen, und solche, die Dinge tun, die im Volksmund als Wunder bezeichnet werden. Im Yoga erlangt man mehr Freiheit von den Zwängen des Körpers, indem man seine Funktionen kontrollieren lernt. Auch die psychische und spirituelle Entwicklung verschafft dem Menschen mehr Freiheit.

Die Freiheit und Unfreiheit des menschlichen Lebens läßt sich am besten mit einem Gesellschaftsspiel vergleichen. Das Spiel hat ein Spielbrett, auf das die Figuren gesetzt werden, und es wird nach festgelegten Regeln gespielt. Die Spielregeln können etwas abgewandelt oder je nach Geschmack verändert werden, aber wenn das Spielziel erreicht werden soll, müssen sich die einzelnen Spieler an den vorgegebenen Rahmen halten. Die Freiheit des einzelnen Spielers besteht nun darin, sein eigenes Spiel so zu gestalten, wie es ihm gefällt. Jeder besitzt seinen persönlichen Spiel- oder Freiraum, innerhalb dessen er nach seinen eigenen Vorstellungen agieren und reagieren kann.

Natürlich bietet uns unsere irdische Existenz viele verschiedene Spiele. Es gibt beispielsweise das »Überlebensspiel«, in dem es darum geht, wie wir unsere Bedürfnisse sichern. Die Freiheit in diesem Spiel besteht darin, daß wir uns aussuchen dürfen, welche Art der Behausung wir bevorzugen, welche Nahrung wir zu uns nehmen, wie wir uns kleiden usw. Ein weiteres Spiel ist das »Beziehungsspiel«. Darin haben wir die freie Partnerwahl und die Freiheit, wie wir unser Zusammensein mit anderen Menschen gestalten. Wieder ein anderes Spiel ist das »Kreativitätsspiel«, in dem wir unsere schöpferischen Fähigkeiten entwickeln und benutzen, um unsere eigenen Schöpfungen hervorzubringen.

Wie sich die Grenzen der Freiheit mit der menschlichen Entwicklung erweitern oder verschieben, zeigt sich zum Beispiel in den sich über die Jahrhunderte hinweg verändernden Lebensumständen oder gesellschaftlichen Normen. Der Mensch des zwanzigsten Jahrhunderts genießt Freiheiten, die sich die Menschen im Mittelalter nicht einmal erträumt hätten.

Aber es scheint auch ein Paradoxon zu sein, daß der Mensch mit jeder Freiheit, die er hinzugewinnt, auch an eine neue Grenze stößt. Dies wird anhand der Umweltproblematik deutlich, vor der wir heute stehen. Die Freiheiten, die uns die Technik beschert hat, konfrontieren uns gleichzeitig mit Grenzen, die im Mittelalter noch niemanden belastet haben.

Wie wir sehen, müssen wir den Begriff »Freiheit« neu definieren. Freiheit ist einer der höchsten menschlichen Werte, auch wenn es so scheint, als ob Freiheit immer nur mit Einschränkungen erreicht werden kann. Wahre Freiheit ist eine innere Freiheit. Sie ist keine Freiheit »von«, sondern die Freiheit, so ganz wie möglich zu sein und aus der größtmöglichen inneren Fülle (oder Erfülltheit) heraus zu leben.

»Die wahre Freiheit ist die dritte Art – die transzendente Freiheit. Was ist das? Sie ist weder ›von‹ noch ›für‹, sie ist einfach Freiheit.... Sie ist weder gegen jemanden – es ist keine Reaktion – noch will sie eine Zukunft schaffen; es gibt kein Ziel. Man freut sich einfach, man selbst zu sein – einfach so; das ist genug. ›Freiheit von‹ erzeugt den Politiker, den Reformer, den Sozialarbeiter, den Sozialisten, den Faschisten. ›Freiheit für‹ erzeugt den Künstler, den Maler, den Dichter, den Tänzer, den Musiker. Und Freiheit einfach für sich erzeugt den Sannyasin, den spirituellen Menschen, den wahrhaft Religiösen.«[24]

Durch die bewußte Integration aller Teile werden wir zu einem »ganzen« und freien Menschen. An dieser Stelle möchte ich darauf hinweisen, daß Freiheit kein isolierter Bereich ist.

Vielmehr ist sie wie auch die Liebe etwas, das geschieht, in diesem Fall, wenn wir immer mehr zu dem werden, der wir sind. Das ist mit Integration gemeint. Im weitesten Sinne könnte man also sagen, Freiheit hängt eher mit der Stufe der Integriertheit oder Ganzheit zusammen.

Musik entsteht aus dem Zusammenspiel verschiedener Noten, Instrumente und Musiker heraus. Musik ist keine einzelne Handlung. Musik ist eine Kreation, die geschieht, wenn viele Einzelfaktoren im Fluß sind, in Aktion versetzt werden und als Ganzes zusammenwirken.

In ähnlicher Weise erleben wir als Mensch immer mehr Ganzheit und werden zu einem Schöpfer, je mehr wir unsere Einzelteile lebendig werden und als Ganzes zusammenwirken lassen. Ohne die aktive Integration der Wilden Göttin bleiben wir Marionetten des kontrollsüchtigen patriarchalen Systems. Integration wiederum erlangen wir durch Bewußtmachung der einzelnen Wesensanteile und deren Verwirklichung, dadurch daß wir sie uneingeschränkt so leben, wie sie sind. Dies ist der Idealzustand, den wir anstreben, das volle (freie) Lachen aus dem Bauch, wie wir es beispielsweise vom Dalai Lama, dem Oberhaupt des tibetischen Buddhismus, kennen.

Was die Wildheit in uns anbelangt, die freie Seite unserer Persönlichkeit, in der unsere Gefühle und unsere Kreativität regieren und unser inneres Kind zu Hause ist, stehen wir gerade am Anfang eines großartigen Befreiungsakts.

Die gewaltigen Kräfte der Natur oder der Wilden Göttin versetzten die Welt bisher in Angst und Schrecken. So wurden die wilden, entfesselten Energien stets als bedrohlich empfunden und ins Reich des Bösen verbannt. Doch es liegt in der Natur von Energien, daß sie sich nicht »neutralisieren« lassen. Sie finden stets eine Hintertür, durch die sie sich wieder in unser Leben schleichen, damit wir uns ihnen zuwenden. In ihrer dunklen Form werden diese unterdrückten Teile als »Schatten« bezeichnet.

»Verletzte und geschwächte Urinstinkte im Menschen haben eine gemeingefährliche Wirkung und die Folgen sind weltweit sichtbar. Seit Jahrzehnten wird unseren Atomreaktoren, Industrien und Raffinerien erlaubt, ihren Giftmüll zu erzeugen und in die Luft zu jagen oder irgendwo abzulagern, woraufhin

Tiere eingehen, Wälder sterben, Kinder erkranken und Eltern aller Nationen versuchen, sich an die paralysierende Wirkung von unregelmäßig auftretenden Umweltschocks zu gewöhnen.«[25]

Die Erde ist auch unsere starke Schwester, die uns hilft, uns aus unserer Ohnmacht zu befreien, indem wir unsere eigene, weibliche Macht wiederentdecken. Damit ist die Macht der Frau gemeint, die seit Jahrtausenden unterdrückt wurde. Ihre ungestüme Lebenskraft, ihre Wildheit, die in den früheren matriarchalen Gesellschaften bis ungefähr 2000 v. Chr. durch die Wildsau und die zahllosen Schweine-Göttinnen dargestellt wurde, und die bisher ein Schattendasein führte.

»Mit elf Jahren fangen die meisten Mädchen an, langsam zu sterben, wenn sie all diese Dinge hinter sich lassen müssen, die sie bis dahin besessen haben: eine eigene Stimme und Courage, Direktheit und einen ausgeprägten Gerechtigkeitssinn, Selbstbewußtsein und einen rebellischen Geist.... Die schockierende Entdeckung ihrer weiblichen Zukunftslosigkeit trifft sie mit großer Wucht.«[26]

Aus der Tiefenpsychologie wissen wir, daß mit dem sogenannten »Schatten« Energien gemeint sind, die nicht wahrgenommen und gelebt werden. Alles, was im Schatten verborgen ist, wird zwangsläufig verteufelt und dämonisiert, da es angst macht und bedrohlich erscheint. Deshalb wurde das einst heilige Schwein in den patriarchalen Religionen zur »unreinen Drecksau«, was sich heute noch in dem entsprechenden Schimpfwort zeigt.

»Die ›Einsperrung der Wildsau in die Kapelle‹ hat einen viel zu hohen Preis, nicht nur für die Frauen, sondern ganz direkt auch für die Männer. Keine Mutter, die gesellschaftlich unterdrückt und psychisch entwertet wird, wird je einen Sohn zu einem Mann werden lassen können. Unter den von Männern degradierten Hausmütterchen wird jeder Sohn ein Nicht-Mann werden, der seinen Mangel an Männlichkeit mit Leben zerstörenden ›Heldentaten‹ überdecken muß«, schreibt Jutta Voss.[27]

Die wilde Frau fehlt den Frauen ebenso wie den Männern und ihre Unterdrückung und Entmachtung zerstört beide gleichermaßen. Die Erde als Symbol für die ursprüngliche Kraft und Macht der Frau ging mit der Machtübernahme des monotheistischen Patriarchats unter – und gleichzeitig ging die Sonne als mächtiger Regent am Himmel der Astrologen auf. Die ursprüngliche wilde Große Göttin wurde dem von Männern erfundenen einen, männlichen Gott geopfert, der ihnen befahl, sich die Erde und im selben Atemzug die Frauen untertan zu machen.

So verschwand die Erde unter den Füßen derjenigen, die nur noch die »phallische« Sonne anbeteten, und die Menschheit verlor ihren Halt und buchstäblich den Boden unter den Füßen. Die Entmachtung der Erd-Frau als Göttin geschah in allen Teilen der Welt, einschließlich in Indien, wo die Göttin Kali zur destruktiven, blutrünstigen »schwarzen« Kali umgedeutet wurde. Seltener wird bekannt, daß auch die sogenannte »weiße« Kali heute noch vereinzelt auftaucht, womit ihrer urspünglichen Bedeutung als Herrin über Tod und Erneuerung des Lebens Rechnung getragen wird.

Auch die von der katholischen Inquisition erbarmungslos verfolgten Hexen waren in Wirklichkeit die Heilkundigen, die Hebammen und diejenigen, die die Naturgeheimnisse kannten und die Kräfte von Mutter Erde zu nutzen wußten. Alles, was als Zauber, Hexerei und Teufelswerk bezeichnet wurde, war in Wahrheit ein uraltes Wissen und Können im Umgang mit der Natur und Körperlichkeit (Leib-haftigkeit). Satan als der »Leibhaftige« ist nichts anderes als der »Körperliche«. Das Böse, das ihm unterstellt wurde, war das Böse im Körper der Frau in ihrer »wilden«, das heißt ursprünglichen, freien, ihr von der Schöpfung zugedachten Rolle.

»Die Religion der Hexen hat sowohl heidnische als auch mystische und pantheistische Komponenten und steht im Dienste des Lebens schlechthin, welches durch die Mutter Erde und ihren Gemahl, einen gehörnten Gott, verkörpert wird. Letzerer sollte keinesfalls mit dem Teufel – dem christlichen Symbol für das Böse – verwechselt werden. ... Die Götter der alten Religion wurden zu den Teufeln der neuen, und die frühe Kirche beschuldigte die Hexen der Teufelsanbetung, weil ihr Gott Hörner hatte. Aber in der antiken Welt waren Hörner stets das Symbol der Göttlichkeit. In der Kirche San Pietro di Novello in Rom steht die berühmte Moses-Statue von Michelangelo; auch sie hat

Hörner – aber Moses kann man wohl kaum einen Teufel nennen!«[28]

Solche Analogien lassen sich noch unendlich fortsetzen und bis ins Detail nachvollziehen. Für uns genügt es, diese Parallelen aufzuzeigen, um die Hintergründe für das Verschwinden der Erde als astrologischer Planet zu beleuchten, was uns den Verlust der Großen Mutter und der Wilden Schwester Erde eingetragen hat. In ihrer starken, mächtigen Form ist die Erde die Feuerspeiende, die Wütende, die in den Wehen Liegende, Sich-Aufbäumende, die neues Leben aus ihrer Gebärmutter preßt wie der Vulkan Magma aus dem Erdinnern. Vielleicht fällt auch hier auf, daß Lava-Erde, die ja nichts anderes als das ausgeflossene Magma ist, ein ganz besonders fruchtbarer Boden ist.

Die Zeugung ist die Initiation von neuem Leben (astrologische Qualität »kardinal«). Leben gebären, in der Gebärmutter Leben heranreifen lassen und nähren, ist ein ruhiger, gebender Prozeß (astrologische Qualität »fix«). In der Geburt Leben gebären und es in eine selbständige, neue Existenz zu entlassen, ist ein wilder Akt voller Bewegung (astrologische Qualität »veränderlich«). Die Große Muttergöttin ist aller drei Prozesse teilhaft – Leben, Tod und Erneuerung. Im alten Indien und bei den Kelten war sie als Maya bekannt, die »nicht wirklich Illusion bedeutet, sondern ›schaffende Gottheit‹, die verschleierte, die alles erschafft (Illusion für den, der nicht sehen kann)«.[29]

Derselbe Schöpfungsakt vollzieht sich auf der Erde als Biosphäre. Durch die Sonne wird Leben auf der Erde möglich, aber geboren wird es auf der Erde. Vielleicht ist es ein schöner Hinweis auf die Symbolik des Wassermann-Zeitalters, in dem die Erdfrau wieder inthronisiert werden muß, daß zur Erhaltung des Lebens auf der Erde beide notwendig sind – nämlich Sonne und Erde!

Die Erde ist unsere Wilde Schwester, wenn wir eine Verbündete brauchen, um unsere Freiheit und Unangepaßtheit wieder zu verinnerlichen und zu etablieren. Erinnern wir uns an dieser Stelle einmal daran, daß das Wort Macht mit »machen« zusammenhängt und seinem tieferen Sinn nach »aktiv« sein, das heißt, «aus sich selbst heraus schöpferisch sein«, bedeutet. Wenn wir uns selbst erschaffen, wenn wir aus uns selbst, aus unserer Mitte heraus leben, sind wir im Besitz unserer Macht. Jede negative Ausübung von Macht ist eine Kompensation der verdrängten, unterdrückten, projizierten eigenen Macht. Macht in seiner ursprünglichen Bedeutung ist das schöpferische Prinzip überhaupt.

Nicht umsonst wird der Planet Pluto mit Macht und Sexualität in Verbindung gebracht, symbolisiert er doch die ursprüngliche Lebensenergie. Doch auch hier müssen die astrologischen Deutungen verfeinert werden, denn genau genommen besitzt jeder einzelne Planet seine ganz individuelle Macht. Macht ist die Verwirklichung eines jeden Potentials, sei dies nun Mars, Venus, Mond, Pluto oder Erde! Macht an sich ist nicht isoliert. Mit der Pluto zugedachten Macht ist die unterdrückende, gewalttätige Machtausübung des Patriarchats gemeint. Nicht von ungefähr sieht die Astrologie auch die Querverbindung zwischen Pluto und »Plutonium«, der Atombombe »als dem technischen Superphallus«.[30]

Die Wilde Schwester Erde ist die zornerfüllte, vor Wut überschäumende, sich gegen ihre Unterdrückung auflehnende und sich vor Schmerz aufbäumende Frau. Sigmund Freud bezeichnete die Hysterie (von griech. hystera = Gebärmutter) als Frauenkrankheit, und wieviel unterdrückte Wut schäumt darin über! Wieviel Wut sich in der Melancholie und der Depression verbirgt, ebenfalls typische und bei Frauen weit häufiger auftretende psychische Krankheiten, wissen wir aus der modernen Psychotherapie, die in der Depression eine nach innen gerichtete, das heißt auf sich selbst gelenkte Aggression sieht. Depression ist unterdrückte Wut, und Wut wiederum ist der Hilfeschrei und das Sich-Aufbäumen der unterdrückten, kreativen Lebensenergie.

»Die jungen Mädchen spüren sehr wohl das langsame Sterben ihrer Kraft.... Dieser Trauer über den Verlust der Chance, zu werden, wer sie hätten sein können, werden sie nie ganz entkommen. Sie ist ihr Wegbegleiter und wird... – vielleicht als unerklärliche Melancholie, Todeswunsch, psychosomatische Krankheit, Passivität oder Depression maskiert – aus der Tiefe auftauchen.«[31]

Die Wilde Schwester Erde besitzt die Fähigkeit, den abgespaltenen Schatten wieder zu integrieren. Sie konfrontiert sich mit der dunklen Seite, um heil und ganz zu werden. »...versteh doch, was Heilen bedeutet, meine Tochter. Du befindest dich im Kriegszustand mit den Mächten der Unwissenheit und der Finsternis. Wenn du zur Schamanin wirst, schenkst du deinen Körper Dirrangun, der Stammutter des Lichts. Du sagst: »Ich gebe mein Leben hin für die Transformation der Schatten des Daseins.« ... Durch deine besonderen Fähigkeiten bist du in der Lage, Licht in die Finsternis zu bringen. Du bist bei der Wiederherstellung der heiligen Harmonie behilflich.«[32]

Die Wilde Schwester Erde ist das Inbild der vergessenen Wildsau, die zum Hausschwein domestiziert wurde, wie die Frau zum Hausmütterchen und zur Madonna. In Anlehnung an die Sprache der indianischen Schamanen ist die Erde »Wildschwein-Medizin«. Wenn wir uns mit ihr verbünden, wenn wir ihre Medizin wieder benutzen, kommt die schwache, entmachtete Göttin in uns wieder zu Kräften. Sie kann wieder kämpfen, aber nicht »gegen« jemanden, da sie nicht abspaltet, projiziert oder unterdrückt, sondern »für« sich und ihre Macht, indem sie sich erfolgreich schützt, Grenzen setzt, ihre Rechte, ihre Anerkennung, ihre Gleichwertigkeit, ihre Achtung und Würde fordert, indem sie sich auf ihre Kräfte besinnt und sie wieder zum Leben erwachen läßt.

»Durch die bloße Existenz eines mächtigen und hochentwikkelten Wesens wandelt sich die Welt, verändern sich die Menschen, die dieses Wesen berühren... Wenn dieses Wesen sich dann auch noch aktiv der Kräfte des Universums bedient, können Wunder geschehen. So ein Wesen bezeichnen wir als *weise Frau*«.[33]

Als Hexe, Schamanin, weise Frau, als Priesterin, Heilerin, als die dunkle Göttin, der Schwarzmond, ist die Erde unsere Wilde Schwester. Nicht von ungefähr verbünden sich die neuen weisen Frauen in ihren Ritualen mit den Kräften der Erde oder vereinigen sich symbolisch mit dem Wildschwein, indem sie es in sich selbst entdecken. Dadurch verlieren sie die Furcht vor dieser Energie, befreien sie aus ihren vielfältigen Projektionen und gewinnen sie für sich selbst zurück.

Tatsächlich ist die Erde ihre Wilde Schwester. Wenn wir sie als solche verinnerlichen, schenken wir ihr unseren Körper, geben ihr Raum in uns, Raum, in uns zu wohnen – und werden selbst wieder zu ihr! »Wenn Frauen nicht den Mund aufmachen und sich nicht lautstark genug für ihre Rechte einsetzen, dann verstummt die Wilde Frau und mit ihr das Ursprüngliche auf dieser Welt. Dann sterben schließlich auch der letzte Wolf und der letzte Regenwald, denn es gibt immer genug einflußreiche Unternehmer, die ein persönliches finanzielles Interesse an der Vernichtung der Wildnatur in all ihren Ausdrucksformen haben.«[34]

Vor kurzem las ich in der Zeitung, daß die ersten Wölfe aus Polen wieder nach Ostdeutschland gekommen sind. Der Förster, der diese wunderbaren, seltenen Geschöpfe entdeckt hatte, hatte nichts Besseres zu tun, als den ersten Wolf, den er vor die Flinte bekam, sofort zu erschießen. Der Zeitungsbericht war in einem Stil abgefaßt, als handle es sich um die selbstverständlichste Sache auf der Welt: Ein wildes Tier? Wie sollte der Mensch anders darauf reagieren, als es auf der Stelle umzubringen?

Beten wir zur Wilden Schwester Erde und lassen unser Wolfsgeheul ertönen, damit die Göttin uns hören kann und dem – hoffentlich immer größer werdenden – Wolfsrudel beisteht. Heult, Leute, so laut Ihr könnt, denn, wie der Dichter Charles Simic sagte, wer nicht heulen kann, findet sein Rudel nicht.

Drittes Kapitel

Isis, Jungfrau und Erde

In der ägyptischen Mythologie gilt Isis als die Lebensspenderin. Sie ist die Verkörperung der weiblichen Macht, die darin besteht, Leben zu wecken und zu schenken.

»Es ist die Liebe der Isis, welche die Trennung vom Ursprung überwindet, der Osiris zum Opfer gefallen war.... Während männliche Bewußtwerdung auf dem Weg der Trennung und Differenzierung erfolgt, geschieht weibliche Bewußtwerdung, wie Isis sie vorlebt, auf dem Weg der Sammlung hin zur Liebe, die Trennung überwindet, indem sie durch ihre Geist-Kraft neues Leben aus der Tiefe hervorruft. Dabei trägt sie die ›Flügel‹ geistiger Freiheit – nicht, um in die Höhen des Weltalls wegzufliegen, sondern um die Erde und Irdisches zu be-geisten, mit Geist zu durchdringen bis in die Tiefen der Unterwelt...«[35]

In der Astrologie sind es die Planeten *Venus* und *Mars,* die die sexuelle Anziehung zwischen Mann und Frau bewirken. Sie sind es, die Verliebtheit bringen, worin der Same zur Liebe verborgen liegt. Sie sind es, die Mann und Frau Gefallen aneinander finden und Lust verspüren lassen, sich körperlich miteinander zu vereinigen. Mars und Venus sind damit eine Art Vorbedingung, Vorbereitung und Vorstufe zur tatsächlichen Verschmelzung der transformierten *männlichen* und *weiblichen* Energien in der Liebe der mystischen Hochzeit, die von *Sonne* und *Erde* repräsentiert werden, und aus der allein das Neugeborene, das Kind oder der *Mond* hervorgehen kann. (Siehe auch Kapitel 9: »Das Dreieck Sonne, Erde und Mond« auf Seite 153.)

»Sehnsucht nach Vereinigung mit dem Partner ist die Gegenbewegung zur Suche nach dem verlorenen Geliebten. Dabei fällt auf, daß erstmals innerhalb der bisherigen Götter-Genealogie von ›Liebe‹ die Rede ist. Während Nut und Geb (Venus und Mars; Anm. d. Verf.) noch dem Drang der elementaren Urkräfte folgen, so begegnet uns bei Isis (Erde; Anm. d. Verf.) zum ersten Mal ein ausdrücklich formulierter, bewußter Wunsch nach Einswerdung (Neptun; Anm. d. Verf.) mit dem Geliebten.«[36]

Erst aus der wahren Verschmelzung geschieht Zeugung, die Schaffung neuen Lebens, die sich im Kind (Mond) spiegelt. Und nicht von ungefähr ist die Öffnung für die Liebe (Neptun), die in dieser Vereinigung von Mann und Frau entstehen kann, nur in diesem wahrhaftigen Sich-Einlassen möglich. Dort kann sie aus der spirituellen Dimension einfließen.

Auch wenn es schwerfällt, dies zu glauben, sei an dieser Stelle erwähnt, daß es auf der spirituellen Ebene, auf der Ebene, auf der Lebensenergie kanalisiert und in die materielle Form geschickt wird, stets ein kreativer Akt ist, wenn im Körper einer Frau ein Kind gezeugt wird. Nicht zuletzt drückt sich die Verbundenheit mit der »Liebes«-Energie Neptuns im Säugling und Kleinkind dadurch aus, daß es noch offen und mit der spirituellen Dimension verbunden ist, sofern es nicht sofort durch Fremdeinwirkung der Umwelt gestört wird.

So ist der Mond auch der Teil in uns, über den wir am ehesten in Kontakt mit der Welt Neptuns kommen können. Der Mond ist quasi vorgeschaltet, bis wir unseren Kanal für die Neptun-Energie bewußt öffnen können.

Die Vereinigung von Sonne und Erde bringt neues Leben hervor, ausgedrückt vom Symbol des Mondes. Die Erde ist die weibliche Energie, die Leben »geschehen« läßt, indem sie den Samen empfängt und Leben in sich wachsen läßt. In der indischen Mythologie wird das gleiche Bild in dem Götterpaar Shiva und Shakti aufgegriffen. Auch hier ist Shiva, die männliche Energie, »statisch und inaktiv, während Shakti, der weibliche Geist, die dynamische Lebensenergie darstellt, die ihn erst initiiert und aktiviert.«[37] Im ägyptischen Mythos wird Osiris als Mumie dargestellt und Isis ist die »fließende Energie, die ihn aus seiner Starre löst. Ohne sie ›geschieht das Göttliche nicht‹, sondern ›ruht in sich‹ «.[38]

Auf unsere Thematik übertragen könnte man sagen, ohne das Weibliche – die Erde – ruht das Schöpferische, Zeugende – die Sonne – in sich. Ohne die Erde ist irdisches Leben nicht möglich. Die Sonne existiert als Lebenserzeuger auch ohne sie, aber es geschieht nichts mit dieser Kraft, solange nicht irgendein »Gefäß« auftaucht, das diese Kraft empfängt. Dieses Gefäß muß wiederum so beschaffen sein, daß es das Potential in sich trägt, ein neues »Drittes« oder neues Leben hervorzubringen, wenn es sich mit dem Lebenserzeuger verbunden hat. All dies finden wir in der Erde sowohl als realem als auch astrologischem Planeten verkörpert.

Der gleiche Prozeß spielt sich zwischen Mann und Frau ab. Der Mann besitzt die Zeugungsfähigkeit, aber ohne die Frau kann er kein Leben zeugen. Die Frau besitzt die Fähigkeit, Leben hervorzubringen, aber ohne den männlichen Samen kann sie nicht empfangen.

Wie weit die Erde und damit die Frau als ihre menschliche Entsprechung abgespalten wurde, zeigt sich in den Bemühungen der Gentechnologie, der künstlichen Befruchtung und nicht zuletzt in den Retorten als Gebärmutterersatz, allesamt Methoden, die das Prinzip der Vereinigung von Mann und Frau aufheben wollen und eine pervertierte Form der Zeugung und Erschaffung von Leben darstellen.

Tatsächlich sind diese Methoden nur ein weiterer Ausdruck für den Versuch der vom patriarchalen Bewußtsein gesteuerten Naturwissenschaftler, die Frau und damit die Große Mutter vollends zu entmachten. In einer Zeit, in der sich das Bewußtsein verbreitet, wie wichtig bereits der Kontakt des Ungeborenen im Mutterleib mit beiden Elternteilen ist, und daß die Stimmen von Mutter und Vater, ihre Gefühle und ihre Beziehung zu dem Kind während der Schwangerschaft einen großen Einfluß auf seine pränatale und auch spätere Entwicklung haben, erscheint es geradezu absurd, ein Embryo in einer leblosen Maschine heranzuzüchten.

Die Sache ist für unsere seelische Gesundheit und das Heil des Planeten zu brisant, um darüber hinwegzugehen, und wir sollten uns einmal ernsthaft fragen, welche Seelen sich in Retortenbabys verkörpern! Wie Goethes Faust ist die Wissenschaft bereit, die Seele zu verkaufen, und die Wirkung (das indische »Karma«), die dieser Kuhhandel hervorbringt, wird eine Welt voller Zombies sein, um nur eine von vielen Möglichkeiten zu nennen. Dann hätten die Mächte der Finsternis gesiegt, wie es in der Apokalypse angedroht wird.

Doch soweit werden wir es hoffentlich nicht kommen lassen. Ich möchte die Dinge nur so deutlich aussprechen, damit die

Gegenkräfte noch mehr mobilisiert werden. Die Gegenkraft zu dieser Hybris der patriarchalen, männlichen Energie (Sonne) finden wir in der heilenden und lebenserhaltenden, weiblichen Kraft (Erde), der wir alle – Männer und Frauen – gemeinsam ihre Macht zurückgeben müssen, wenn uns daran liegt, daß ein Leben auf der Erde auch in Zukunft möglich – und vor allem lebenswert – ist.

Das Tierkreiszeichen Jungfrau ist das veränderliche Erdzeichen im Zodiak. In seiner Symbolik verbirgt sich die Geschichte der Isis, ihre Suche nach dem Einswerden, das nichts anderes ist als Heil- und damit Ganzwerdung, ein Einweihungsweg.

Wie so viele Symbole, wird auch der Schleier der Isis falsch verstanden. Ursprünglich legten Frauen einen Schleier an, wenn sie sich auf einem Einweihungsweg befanden. »Der Schleier ist das traditionelle Symbol der alten Göttinnen-Kulte für die Pilgerin auf der Wahrheitssuche, auf der man weder von Uneingeweihten erkannt noch von seinem wahren Vorhaben abgelenkt werden will. In vielen antiken Skulpturen und Reliefs werden die Einweihungskandidatinnen der eleusinischen Kulte Griechenlands bei ihrem Warten auf den nächsten Ritus des Abstiegs in die Unterwelt verschleiert dargestellt.«[39] Was Isis hinter dem Schleier verbirgt, ist ihr spirituelles Wissen und ihre paranormalen Fähigkeiten. Nach jeder Stufe des spirituellen Erwachens fällt der Schleier von den Augen. Dann hat man eine neue Erkenntnis gewonnen.

In der Jungfrau gerät die Erde, die Materie, in Bewegung, um sich zu verändern. Veränderung hat immer eine neue Schöpfung zum Ziel. Etwas Altes muß sich verändern, damit Neues an seine Stelle treten kann.

Diese Veränderung zeigt sich auch in der Schwangerschaft, und hier nicht nur in der Veränderung des Körpers. Die Frau wird zur Mutter, der Mann zum Vater. Wenn sie ihre Aufgabe annehmen und darauf antworten (verantwortlich sind), stellen sie sich nun in den Dienst der Schöpfung. Das ist mit dem konkreten, sichtbaren Dienen der Jungfrau gemeint, die dem irdischen Leben und seinen Anforderungen dient. Sie tut das Notwendige, das heißt, das Notwendende (das, was die »Not wendet«), und ihr Dienst ist kein Opfer, sondern ein Geschenk an die Erde – ein Weihe-Ritual. Mit der Ausdauer und Zähigkeit einer einsamen Wölfin folgt sie »den Instruktionen der Wilden Mutter bei ihrem Abstieg in die Unterwelt und ihrem Aufstieg als die Im-Geiste-Neugeborene.«[40]

Anders ausgedrückt, könnte man sagen, daß Isis in der Unterwelt nach dem ebenbürtigen, eingeweihten Partner sucht, nach dem Seelengefährten, dem »königlichen Bräutigam, der in den Tiefen der eigenen Psyche auf sie wartet«[41], um sich mit ihm zu vereinigen.

»Aus Überlieferungen geht eindeutig hervor, daß die Frauen in den uralten matriarchalischen Kulturen sehr gezielt auf diese Wanderschaft und Suche nach dem König in der Unterwelt vorbereitet wurden. Frauen, die den Abstieg und die Rückkehr in die Oberwelt erfolgreich gemeistert hatten, wurden als Hohepriesterinnen und ›Weltmütter‹ verehrt.«[42]

Isis ist die vollkommene Analogie zur Erde, nicht zur Venus, wie früher behauptet wurde, als man die weiblichen Energien zwischen Venus (die erotische Frau) und Mond (die mütterliche Frau) aufteilte. In Ägypten wurde Isis als Herrin des Sternbildes Jungfrau verehrt, welches als das königliche Tierkreiszeichen galt. Ihr Stern war die »Spica« (die Ähre), das Symbol für die Kraft der Ernährung (Lebenserhaltung) und Auferstehung (Überwindung des Todes durch die Schöpfung neuen Lebens). Die Spica galt in Ägypten als Quelle des Ernährungsstrahles.

Die Erde ist wiederum die vollkommene Entsprechung zum Tierkreiszeichen Jungfrau, nicht Merkur, der den Hermes Trismegistos, den geflügelten Götterboten versinnbildlicht, den Mittler zwischen Menschen und Göttern. Die Uräusschlange, die im Stab des Äskulap erscheint, gehörte zu Isis. Sie wurde häufig als Symbol für das vollkommene Wissen um die Gesetze des Lebens interpretiert und wiederum fälschlich mit Hermes (Merkur) in Verbindung gebracht.

Diesbezüglich bestehen noch einige Irrtümer mehr, die der Klärung bedürfen. Der Mythos von Isis bringt auch hier Klarheit in die Symbolik. Isis besitzt die Zauberkräfte der weißen Hexe oder Priesterin. Sie ist in der Lage, die finsteren, dämonischen Mächte zu bannen. »Entsprechend gilt Isis in diesem Zusammenhang als ›Feurige Uräusschlange‹ an der Stirn des Re und damit zugleich (seit der 19. Dynastie) als ›Auge des Re‹.«[43]

Die Uräusschlange ist also ursprünglich kein Symbol für Hermes gewesen, sondern für Isis selbst, bzw. für eine ihrer Fähigkeiten. Isis besitzt die Kraft, den Drachen als Sinnbild für die finsteren, dämonischen Kräfte zu bannen. »Es geht also zunächst um intensive Konzentration der feurigen Energie auf den Feind – der bekannte ›bannende Blick‹ der Kobra, die in ihrer aufgerichteten Haltung ›Uräus‹ heißt!«[44]

Schon die griechischen Gelehrten reisten nach Ägypten, um sich dort in den alten Weisheiten unterrichten zu lassen. Es ist kein Wunder, daß sich die verschiedenen Mythen und Symbole über die jahrehundertelangen Überlieferungen hinweg vermischt haben. Dies führte zu vielen Fehlinterpretationen, die sich auch heute noch weiterverbreiten.

Bisweilen hat man den Eindruck, als würde alles in einen Topf geworfen, indem willkürlich ein Symbol mit einem anderen in Verbindung gebracht wird. Da wird dann der Hirtenstab des Hermes zum Äskulapstab der Ärzte und der wiederum symbolisiert die Schlange des ägyptischen Sonnengottes Re. Der daraus entstehende »Eintopf« hat nichts mehr mit den ursprünglichen Symbolgehalten zu tun.

Ein übriges hat sicherlich die schon zu den Zeiten, als Isis noch die Große Göttin Ägyptens war, beginnende Unterdrükkung des Weiblichen getan, die dann im Mittelalter vollends eskalierte. Aus dieser Zeit stammt der berüchtigte »Hexenhammer«, der zwischen 1486 und 1669 in dreißig Auflagen in deutscher, französischer und italienischer Sprache veröffentlicht und vorbehaltlos als Gesetz anerkannt wurde.[45]

Bereits damals wurde die Schlange als ein Symbol für das Böse schlechthin pervertiert. Kein Wunder, daß das uns heute noch verfügbare, überlieferte Wissen völlig entstellt ist. Wir stehen vor der schwierigen Aufgabe, durch das Dickicht aus Lügen wieder zur Reinheit und Wahrheit vorzudringen. Die Vermutung liegt nahe, daß mit der Entmachtung der Göttin auch ihre Schlange fiel. Die Schlange des Äskulapstabes, die mit Hermes Trismegistos in Verbindung gebracht wird, hat auf jeden Fall nichts mit ihr gemeinsam.

Die Uräusschlange steht in einem eindeutigen Zusammenhang mit der ägyptischen Isis, und nicht mit Hermes (Merkur). Isis wiederum ist eindeutig mit dem Tierkreiszeichen Jungfrau verbunden. Die Zuordnung Merkurs zu diesem Zeichen erscheint unter diesem Gesichtspunkt äußerst fragwürdig. Der Grund, warum man für die Jungfrau Merkur als herrschenden Planeten wählte, ist wohl eher darin zu suchen, daß für die zwölf Tierkreiszeichen keine zwölf Planeten zur Verfügung standen. Schließlich wurde dem Zeichen Skorpion auch der Mars zugeordnet, bis die Astrologen durch die Entdeckung Plutos (im Jahre 1930) eines Besseren belehrt wurden. Dasselbe gilt für den Wassermann, der Saturn zum Herrscher hatte, bis man Uranus entdeckte (1781), sowie die Fische, deren Herrscher Jupiter war, bevor man Neptun kannte (1845/46).

Das Zeichen Jungfrau sieht die Notwendigkeiten. Wo Krankheit ist, greift sie mit ihren Heilkräften korrigierend ein. Sie benutzt sogar Krankheit als Korrektiv, wenn die Psyche nicht in Harmonie ist, und das psychische Leiden »somatisiert« (griech. soma = Körper) und dadurch sichtbar gemacht werden muß, damit es geheilt werden kann. Die Jungfrau bedient sich der stofflichen Welt, der Materie und des Körpers, um Leben zu erhalten.

Die Jungfrau sorgt für gesunde Nahrung, die richtige Diät, die geeigneten Heilmittel und -methoden. Sie legt überall dort »Hand« an, wo sie gebraucht wird, um ein Bedürfnis zu stillen. Sie ist das perfekte Spiegelbild der Erde, die all diese Eigenschaften besitzt.

Augenblicklich findet eine Wiedergeburt der Göttin statt. Frauen erinnern sich wieder an die weise Frau in sich, an Isis, an die Schlange und an die Erde. Sie durchleben noch einmal die Traumata aus früheren Leben, als man sie folterte, verbrannte oder auf andere grausame Weise ermordete. Mit ihnen leidet die Erde, die als Symbol für das Weibliche ebenso geknechtet wurde – bis heute.

»Früher war es einfach, denn da hatte jede Kultur ihre Weisen und ihre Schulen, in der die Geheimnisse gelehrt wurden. Mutter Erde spiegelt unser mangelndes Verständnis wider; sie befindet sich heute in großer Gefahr.«[46]

Die Erde als Mutter und Schwester muß denselben Leidensweg durchstehen wie die weisen Frauen. »Die Erde offenbart sich den Tränen, der Schutzlosigkeit und der Nachgiebigkeit. Sie appelliert an das Irrationale im Menschen.«[47] Ist nicht das, was in der patriarchalen Terminologie als »irrational« bezeichnet wird, die wilde Instinktnatur der Wölfin, die sich auf dem Weg zur mystischen Hochzeit, zur Vereinigung des transformierten Männlichen mit dem transformierten Weiblichen, befindet?

Auch der (Sonnen-)König muß auf seinem Einweihungsweg verwildern, »muß in der Wildnatur herumwandern, in seiner eigenen männlichen Urnatur, um der bewußt unschuldigen Frau ein wahrhaft getreuer Lebensgefährte sein zu können«[48], der die »Überzivilisierung nach und nach ablegt, die ihn später daran hindern könnte, das urinnerste Seelenselbst der eingeweihten Frau im täglichen Leben zum Ausdruck zu bringen.«[49]

Wenn das Ziel dieser Suche erreicht ist, tritt die lebensspendende Göttin auf den Plan und mit ihr das neue Leben, das neue Selbst und das neugeborene Kind. Damit schließt sich der Kreis von Leben, Tod und Wiedergeburt und ein Initiationszyklus endet, womit wir zur Verbundenheit zurückkehren.

Viertes Kapitel

Osiris, Löwe und Sonne

In der ägyptischen Mythologie gebar die Himmelgöttin Nut das »viergesichtige« Leben, ein Brüder- und ein Schwesternpaar.[50] Die beiden Schwestern sind Isis und Nephthys. Sie symbolisieren die beiden Manifestationen der weiblichen Energie. Auf die Astrologie übertragen findet man in ihnen Erde und Venus wieder. Die beiden Brüder als Symbol für die zwei Aspekte des Männlichen sind Osiris und Seth. Astrologisch finden wir hierin die beiden »männlichen« Planeten Sonne und Mars.

Die ägyptische Überlieferung berichtet nun davon, wie Seth seinen Bruder Osiris ermordet, ähnlich dem Brudermord in der Geschichte von Kain und Abel. Isis und Nephthys suchen Oriris zerstückelten Leichnam im ganzen Land und fügen ihn wieder zusammen. »Der männliche Pol bedarf nach seiner Aufsplitterung der Heilung durch das Weibliche. Sammeln und Zusammenfügen ist eine typisch weibliche Tat. Auflösung in Teile entspricht sich differenzierender männlicher Energie.«[51]

Später vereinigt sich Isis, die »Herrin des Lebens« mit Osiris und empfängt seinen Samen. Aus dem Tod entsteht neues Leben. Isis bringt einen Sohn zur Welt, den sie Horus nennt. Aus der Zerstückelung des Sonnen-Mannes durch Mars geht der Mann auf einer höheren Stufe der Integration hervor – der Mann, der sich mit seiner weiblichen Seite vereint hat.

Das Weibliche löst das Männliche aus seiner Egozentrik, die in sich starr und unbewegt ist, und ihre Energie nicht in den Kreislauf der Schöpfung einbringt. Dieselbe Symbolik finden wir bei dem indischen Götterpaar Shiva und Shakti.

Auch in Ägypten wurde dieses ursprüngliche Wissen um die Bedeutung von männlicher und weiblicher Energie später verdrängt, als der Pharao Echnaton den von ihm über alles verehrten Sonnengott Aton zur zentralen Figur seines Weltbildes machte.

Du erscheinst schön am Horizont des Himmels,
du lebende Sonne, die zuerst lebte.
Du gehst auf im östlichen Horizont und
füllst jedes Land mit Schönheit.
Du bist schön und groß und funkelst und
bist hoch über jedem Lande.
Deine Strahlen, sie umarmen die Länder,
so weit du nur etwas geschaffen hast.

Dies ist ein Auszug aus einer Hymne an den Sonnengott, der von dem ägyptischen Pharao Echnaton (1364–1347 v. Chr.) stammt. In dieser Zeit führte Echnaton einen neuen Monotheismus ein, dessen Alleinherrscher der Sonnengott Aton war.

Das Neue Reich, das die 18. bis 20. Dynastie umfaßte, war geprägt von poetischen Sonnenhymnen. Die Schattenseite, die Nachtwelt, erfährt eine Abwertung und wird zum Totenreich degradiert. Leben gibt es in diesem Weltbild nur noch im Licht der Sonne. Als die Hebräer um 1200 v. Chr. aus Ägypten flohen, gab es in Israel jedoch immer noch matriarchale Religionen, die später völlig verdrängt wurden, was beispielsweise darin überliefert ist, daß das bis dahin heilige Schwein der Göttin plötzlich zum unreinen Tier erklärt wurde.

Wenn wir uns mit diesen geschichtlichen Tatsachen etwas näher befassen, beginnen wir zu verstehen, daß die Menschen schon immer willkürlich zum Dogma erhobenen Weltbildern folgten, deren Anspruch auf Alleingültigkeit und Wahrheit erst nach langer Zeit und unter größten Widerständen wieder in Zweifel gezogen werden können.

Dasselbe gilt auch für die Astrologie, die von eben denselben Weltbildern geprägt ist. Außer den Gegnern der Astrologie, die ihre Lehre grundsätzlich bezweifeln, hat bislang noch niemand öffentlich hinterfragt, welches Denkmodell (nämlich ein monotheistisch-patriarchales) wir eigentlich zugrunde legen, wenn wir heute ein Horoskop interpretieren. Offensichtlich spielt auch hier die Sonne in der Hierarchie der Planeten eine übergeordnete Rolle. Dies geht eindeutig aus den klassischen Lehrbüchern der Astrologie hervor.

In dem bereits 1926 veröffentlichten Buch »Die Sonnenbahn« singt der Autor Hans Künkel im wahrsten Sinne des

Wortes eine Hymne auf die (astrologische) Sonne. »Die Sonne ist das Sinnbild des höchsten Gedankens, den die Menschheit gedacht hat, das Sinnbild von Wahrheit, Freiheit, Unwandelbarkeit, Gewißheit, Unbeirrbarkeit.«[52] In der Welt des Mondes hingegen, der als der weibliche Gegenpol zur »männlichen« Sonne beschrieben wird, herrscht »Täuschung, Blindheit, Angst, Trennung und Schmerz.... diese sublunarische Welt ist nur wie ein zu eng gewordener Kinderschuh für den Menschen, der die Sonnenwelt betrat.«[53]

Obwohl der Mond stets als für die Harmonie notwendige Ergänzung oder als Gegenpol zur Sonne bezeichnet wird, spüren wir doch deutlich, daß der Sonnenweg derjenige ist, den wir beschreiten sollten. Bei Herbert A. Löhlein, der sich ebenfalls in den Zwanziger Jahren mit Astrologie beschäftigte, lesen wir, daß die Sonne als Zentralgestirn den »hinter der Materie befindlichen Geist« symbolisiert, und »im Gegensatz zur strahlenden, schöpferischen Sonne der Mond nur Reflektor«[54] sei. Ich finde es immer wieder erstaunlich, wie leicht den Altmeistern das Wörtchen »nur« aus der Feder floß. Erklären läßt sich dies wohl nur damit, daß sie aus einer sonnenhaften Hybris heraus argumentierten.

Wenn wir die astrologischen Symbole unter diesem Gesichtspunkt betrachten, dürfen wir ruhigen Gewissens daran zweifeln, ob wir bei der bisherigen Deutung der Planeten nicht einigen Irrtümern und Fehlinterpretationen aufgesessen sind, und auch die neueren Deutungsmodelle der Astrologie auf diesen aufgebaut wurden.

Die Helden und Patriarchen der Mythen, von denen unser astrologisches Verständnis verklärt wurde, waren allesamt Sonnenkönige. Die Sonne wurde auf einen Thron gehoben, der ihr nicht zusteht. Sie wurde zur Lebensschaffenden schlechthin, zum Schöpfer und damit zum Allerhöchsten. Vergessen wurde, daß die Sonne allein in keinster Weise Leben schafft. Vielmehr ist sie ein glühender Gasball, dessen Kernreaktionen lebensbedrohlich sind. Nur in sicherer Entfernung (nämlich 150 Millionen Kilometer von der Erde entfernt) und durch das Vorhandensein des Planeten Erde konnte sich aus den Urlebenskeimen irdisches Leben entwickeln.

Die Sonne ist nicht höher zu bewerten als alle anderen Planeten, und nur in der Ganzheit aller Beteiligten trägt sie ihren individuellen Teil zum Ganzen bei. Nicht die Sonne ist *das höhere Bewußtsein,* nach dem der Mensch strebt. Bewußtsein umfaßt das Sich-Bewußtsein aller Aspekte. Auf das Horoskop bezogen bedeutet dies, daß man sich jeden Planeten bewußt machen kann. Jeder Planet kann bewußt oder unbewußt sein. Wenn er bewußt gemacht wird, wird er als Teil der Persönlichkeit hinzugefügt oder integriert, so daß sie sich zu immer mehr Ganzheit entwickelt.

Daher verkörpert die Sonne auch nicht das »Selbstbewußtsein«, wie sie häufig irrtümlich interpretiert wird. Das *Selbst* umfaßt das Ganze und ist die Summe aller Einzelteile, zu denen auch die Sonne zählt. Um die Absurdität der Fehlinterpretationen noch zu verdeutlichen, sei an dieser Stelle auch noch erwähnt, daß die Sonne bei den Alchimisten als die »erste Materie« gilt, aus der alles entsteht, und damit das *Unbewußte* bedeutet!

So wenig wie Mond oder Saturn Symbole für die *Mutter* schlechthin sind, sondern nur Qualitäten verkörpern, die auch eine Mutter besitzen mag, ist die Sonne der Archetyp für den Vater als allmächtiger und alleiniger Schöpfer. Wenn die Sonne das lebenzeugende Sperma des Vaters ist, das das empfangende Ei der Mond-Mutter befruchtet, bleibt doch immer noch die Frage offen, wer denn nun der Lebenschaffende ist. Schließlich zeugt das Sperma allein gar nichts, ebensowenig wie das unbefruchtete Ei ohne Sperma zu neuem Leben heranwächst. Wenn die Astrologie schon das Prädikat »schöpferisch« vergibt, trifft dies wohl zu gleichen Anteilen auf beide zu.

Ich wage hier die Theorie, daß keiner von allen »Leben« zeugt, und wir in der astrologischen Deutung auch nur dem patriarchalen Größenwahn aufgesessen sind. Wenn jemand Leben erschafft, dann ist es das *unsichtbare Dritte,* das erst durch die Vereinigung von Eizelle und Same entsteht. Unter diesem Gesichtspunkt könnte man am ehesten sagen, Schöpfung sei immer das »Ungeteilte«, das »Vereinte«, das Leben schlechthin, aber niemals ist »einer« allein der Schöpfer. Schöpfung ist kein einzelner Akt. Schöpfung *geschieht* in der Synthese vieler einzelner Faktoren.

Unter diesem Gesichtspunkt wäre es vorstellbar, den Urkeim

oder den Impuls, der bei der Vereinigung von zwei Gegenpolen eine neue Schöpfung hervorbringt, im Planeten Pluto zu vermuten, der auch das Symbol für die sexuelle Energie ist. Ist er nicht das Symbol für Tod, Transformation und damit Geburt von neuem Leben – Umstände, die jede neue Kreation begleiten? Ich glaube, daß die Planeten als Sinnbilder für unsere spirituellen, psychischen und physischen Energien alle auf ihre Art schöpferisch sind, vorausgesetzt, wir geben ihnen die Möglichkeit, sich frei und wesensgemäß zu entfalten.

Psychologisch orientierte Astrologen haben die Sonne ein wenig umgedeutet und betrachten sie als schöpferisches Prinzip. Natürlich ist die Sonne, wenn man sie als das für das Erdenleben notwendige Licht oder das männliche Sperma betrachtet, ein schöpferisches Prinzip, aber die anderen Planeten sind es ebenso. Auch Uranus ist ein schöpferisches Prinzip. Schließlich ist er es, der neue Ideen zur Welt bringt.

Wir sehen, wie schwammig die Deutungen der Planeten zum Teil sind. Interessanterweise gibt es inzwischen ein viel klareres Verständnis für Planeten wie Saturn und Pluto, als für die Sonne und den Mond, die – wen wundert es noch? – bei der Horoskopinterpretation immer so abgehandelt werden, als gäbe es keinen Zweifel, worum es sich bei diesen Prinzipien handelt.

Fragt der Horoskopeigner jedoch einmal genauer nach, enden die Deutungen stets bei den alten Klischees, daß der Mond eben der weibliche Anteil der Psyche, das Unbewußte und die Welt der Träume sei, und die Sonne Qualitäten wie Selbstbewußtsein und Selbstverwirklichung verkörpere. Doch wie ist man sich seiner selbst auf Fische-Art bewußt (das heißt, wenn man eine Fische-Sonne hat), oder auf Widder-Art (das heißt, wenn man mit einer Widder-Sonne geboren ist)? Ist Bewußtsein etwas, das auf Widder- oder Fische-Eigenart geschieht?

Ich glaube vielmehr, daß die Sonne viel einfacher zu deuten ist, wenn wir ihre Funktion tatsächlich so betrachten, wie sie sich in der Realität darstellt: Sie ist eine natürliche Licht-, Energie- und Wärmequelle. Sie läßt Pflanzen wachsen, die wiederum für das Überleben von Menschen und Tieren notwendig sind. Sie ist die befruchtende Energie, die aber erst in Aktion gesetzt wird, wenn ein zweiter, empfangender, weiblicher Teil hinzukommt.

Was ist die astrologische Sonne nach alledem? Bringen wir Licht ins Dunkel – wie die Sonne, die auf die Dunkelheit folgt. Es ist nicht so, daß die Sonne die Finsternis aufhebt, quasi auslöscht oder beseitigt. Dies ist unsere subjekte Wahrnehmung in einem Ausschnitt der Wirklichkeit. Tatsächlich existieren Licht und Dunkel gleichzeitig wie Tag und Nacht.

Wenn Sie wollen, könnten Sie theoretisch mit einem Flugzeug so reisen, daß ständig Tag oder Nacht ist. Je nachdem, wohin die Sonne ihr Licht schickt, beleuchtet sie die Erde. Es wird hell, und wir erblicken die Außenwelt mit unseren physischen Augen. Das Licht des Tages ist für uns nur insofern von Bedeutung, als wir unsere physische Sehfähigkeit besitzen. Die Sonne ist also eng mit der äußeren Welt und unseren nach außen gerichteten Augen verknüpft. Im Sinne von Bewußtsein ist sie der Anteil unserer Gesamtpersönlichkeit, der uns das Außen bewußt macht, der uns die äußere Welt der physischen, materiellen Erscheinungen wahrnehmen und damit vielleicht erst entstehen läßt.

Es gibt jedoch auch eine innere Wahrnehmung, das innere Sehen mit dem Dritten Auge, wie es unter anderem von den Schamanen praktiziert wird. Dieser Teil, den wir Neptun zuordnen können, ist, wenn er integriert worden ist, das Bewußtsein für die Innenwelt, die »nicht für das Auge« sichtbare, jenseitige Welt, deren Realität für das physische Auge im Dunkeln liegt.

Wir sehen also, daß sich die Interpretation »Selbstbewußtsein« für die Sonne nicht aufrecht erhalten läßt. Die Sonne ist unser Augenlicht, die Wahrnehmung der Außenwelt, und natürlich ist sie noch mehr als das. Als Archetyp verkörpert sie Inhalte, die aus dieser Eigenschaft resultieren. Überlegen wir, wozu uns die physischen Augen befähigen.

Mit unseren Augen nehmen wir die bunte Vielfalt des äußeren Lebens wahr: Farben, Formen, unsere Mitmenschen und Mitgeschöpfe, die Natur, den Himmel und die Sterne. Durch unsere Augen wird die Welt so bunt und schön, wie sie die Spektralfarben malen. Unsere Sehfähigkeit ermöglicht uns, Informationen aufzunehmen und in unserem Gehirn zu übersetzen, was uns wiederum dazu verhilft, auf unsere Umwelt zu reagieren. Die Folge ist also Handeln und Aktivität.

Darüber hinaus können wir mit Hilfe unserer Augen Unterschiede machen: wir erkennen Menschen, Tiere, Pflanzen und Gegenstände und können sie voneinander unterscheiden. Wir können auch uns selbst von anderen unterscheiden: durch unser Aussehen, durch unser äußeres Erscheinungsbild, durch das Image (das Bild von uns), das wir nach außen zeigen wollen. Unser Image wiederum trägt dazu bei, daß wir als Person auf der Welt einen Unterschied machen, der äußerlich sichtbar ist. Kein anderer sieht aus wie wir – außer ein eineiiger Zwilling oder ein perfekten Doppelgänger (aber den gibt es höchstens auch nur einmal).

Die Sonne ist unsere einmalige Ich-Bewußtwerdung, ausgedrückt in unserem sichtbaren Körper und seiner Sprache, unserer besonderen Ausstrahlung durch unsere Körperlichkeit. Unsere Bewußtwerdung und Erkenntnis unseres Selbst und unserer Umwelt beginnt mit dem Sehen. So wird die astrologische Sonne auch zur Tagwelt der Seele. Mit ihr erwacht die Materie. Damit ist die Basis für Kommunikation (Merkur) und Initiative (Mars) geschaffen, die beide etwas in *Bewegung* bringen und auf ihre Weise den Kreislauf der Schöpfung in Gang halten.

Die Sonne befähigt uns, als verkörpertes Wesen in der stofflichen Welt zu leben. Sie hilft uns, in der äußeren Realität zu bestehen, die in unserer rationellen Gesellschaft oft für die einzige Wirklichkeit gehalten wird. Deshalb ist die Zuordnung des Egos zur Sonne auch stimmig, wenn wir es als einen überlebensnotwendigen Teil der menschlichen Psyche betrachten.

Ohne gefestigtes Ego sind wir nicht geschützt, können uns nicht durchsetzen und haben keine Mitte und damit keine Macht. Wenn wir nun wiederum berücksichtigen, daß Macht von »machen« kommt und mit unserer freien Handlungsfähigkeit verbunden ist, können wir mit der astrologischen Sonnen-Energie unsere augenblickliche Inkarnation in der stofflichen Welt gestalten, als unsere menschliche Basis für alle anderen, nicht-stofflichen Dimensionen.

Sonne und Erde sind die beiden Komponenten, die den Menschen als Lebensform hervorgebracht haben, wobei in jedem Mann (Sonne) auch ein weiblicher Teil (Erde) wohnt und umgekehrt. Mann und Frau sind beide aus einem Mann und einer

Frau hervorgegangen. Die Verschmelzung von Isis und Osiris bringt ein Kind hervor, das sowohl männliche als auch weibliche Energien in sich trägt. In dieser Verschmelzung der Energien, in der ein Zustand entsteht, den wir *Liebe* nennen, verwandeln sich die Geliebten (Venus und Mars) in Mann und Frau (Sonne und Erde).

Als astrologische Symbole sind sie die Wesensanteile des Menschen, die ihn sichtbar und im körperlichen Sinne wirklich machen und ihn als Individuum in der diesseitigen Welt agieren und durch seine Taten begreifen und wachsen lassen. Der direkte Zusammenhang zwischen Erde und Sonne besteht also nicht nur in der stofflichen Welt, sondern auch in der Astrologie, wie wir im nächsten Kapitel sehen werden. Nur durch die Abspaltung der Erde konnte die Sonne als astronomisches Zentralgestirn, um das die Planeten unseres Sonnensystems kreisen, die Überbewertung erhalten, die ihr die Astrologen bisher gegeben haben.

Nach all diesen Überlegungen mutet es noch befremdlicher an, daß wir uns immer noch als »Widder« oder »Waage« bezeichnen, je nachdem, in welchen Monat unser Geburtstag fällt. Damit gehen wir unbewußt konform mit der Überbewertung der Sonne im Horoskop. Doch wer wir wirklich sind, wird durch mindestens neun weitere Planeten und ihre Konstellationen und wechselseitigen Beziehungen in unserem Geburtshoroskop dargestellt. Dabei ist der prägende Einfluß der Sonne nicht höher zu bewerten wie der eines jeden anderen Planeten. Vielmehr ist es sogar häufig so, daß die Sonne bei vielen Menschen ein buchstäblich »unterernährter« Wesensanteil ist, anstatt daß sie ihre Gesamtpersönlichkeit »überstrahlt«.

Jeder, der sich näher mit der Astrologie beschäftigt, weiß, daß zwei Widder-Geborene so unterschiedlich sein können wie Hund und Katze. Wenn wir unser Tierkreiszeichen nennen (anstatt unsere Gesamtkonstallation, wie sie im Horoskop abgebildet ist), gehen wir nur mit einem Denkmodell konform, das die äußere Wirklichkeit allem anderen überordnet. Aber diese Fehleinschätzung und Einseitigkeit hat nur dazu geführt, daß wir ein Gleichgewicht gestört haben. Die gestörte ökologische Balance ist nur ein Ausdruck davon. Doch führt uns nicht schon der ständige Wechsel von Tag und Nacht vor Augen, daß es

Tag- und Nachtwelten gibt? Und die Tatsache, daß wir künstliches Licht geschaffen haben, kann uns trotzdem nicht darüber hinwegtäuschen, daß nachts nicht die Sonne scheint.

Der Sonne wird es nichts ausmachen, wenn wir sie von dem Thron holen, auf den sie die alte Astrologie gesetzt hat, sondern vielleicht nur so manchem übersteigerten Ego. Die Sonne wird so hell strahlen und ihren Beitrag zum Ganzen leisten wie eh und je. Sie wird es Tag werden lassen auf der Erde, aber nicht, weil sie als symbolisierter Patriarch es so will, sondern weil es ihrem So-Sein entspricht, und es eine Erde gibt, die ihr Licht auffängt und mit ihr gemeinsam eine ganz besondere Schöpfung hervorbringt!

Fünftes Kapitel

Berechnung, Zuordnung und Bedeutung der Erde

Berechnung der Erde

In dem bisher verwendeten Berechnungssystem der Astrologie läßt sich die Konstellation der Erde im Horoskop ermitteln, ohne daß dieses verändert werden müßte.

Die Berechnung der Gestirnsstände basiert auf Zahlen, die aufgrund der Ekliptik (Sonnenbahn) und der Umlaufbahnen der Planeten um die Sonne ermittelt werden. Auf die Ekliptik wird von der Erde aus betrachtet (geozentrisch) der Tierkreis projiziert, wodurch er einen festen Nullpunkt bei 0 Grad Widder erhält, was die genaue Berechnung der einzelnen Planeten in den Tierkreiszeichen ermöglicht. (Siehe Abbildung auf Seite 73.)

Die Ephemeriden (Gestirnsstandtabellen) werden zunächst heliozentrisch, und erst dann, auf den so ermittelten Werten basierend, geozentrisch berechnet. Für die »irdische« Astrologie spielt die Sonne eine zentrale Rolle als Berechnungsgrundlage. Würde man auf dem Mars Astrologie betreiben, wären die Ephemeriden völlig anders. Auch hier wäre die Sonne der Ausgangspunkt für die Berechnung. Doch dann müßte man die Zahlen wiederum auf den Mars und die von ihm aus projizierte Ekliptik umrechnen.

Wären wir also an unserem Geburtstag auf dem Mars geboren worden, hätten wir ein völlig anderes Horoskop. Darin würde auch der Mars als Planet nicht vorkommen, sondern statt dessen die Erde. Dasselbe gilt für jeden anderen Planeten. Wenn wir das Horoskop heliozentrisch berechneten, fiele beispielsweise die Sonne im Horoskop weg.

Dies erklärt, warum die Erde aufgrund einer willkürlichen, von Menschen erdachten Rechenmethode im Horoskop keine Berücksichtigung gefunden hat. Da diese Methode logisch und

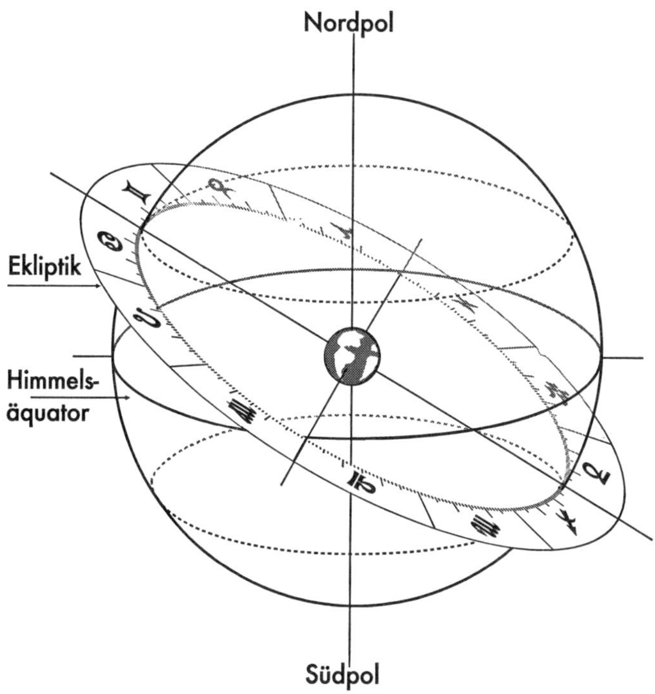

Der Tierkreis

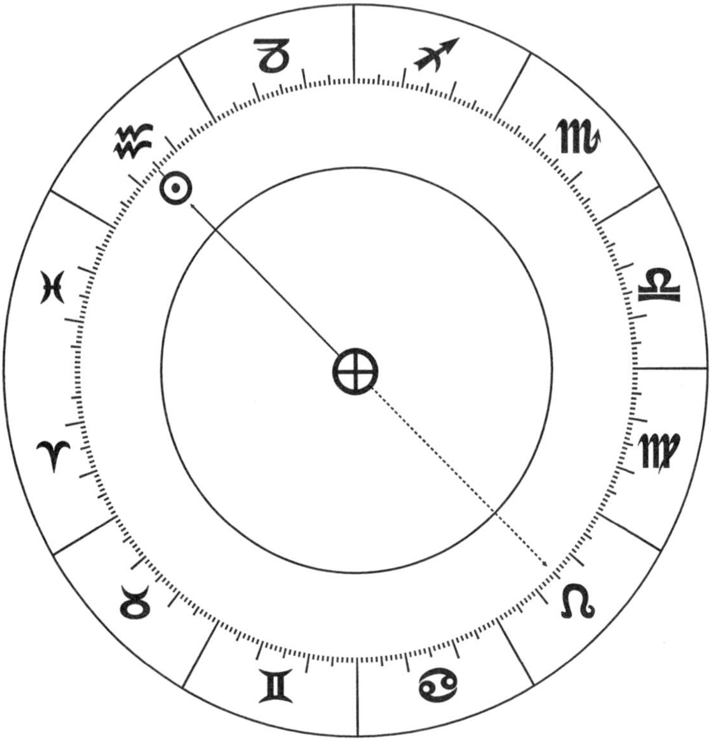

Die Stellung der Erde

in sich stimmig ist, kam niemand auf die Idee, nach der Erde im Horoskop zu fragen, geschweige denn, sie in den Tierkreis mit einzubeziehen. Wie wir spätestens seit Galilei, Newton und schließlich Einstein wissen, sind Weltbilder relativ, und dasselbe gilt für das astrologische Weltbild.

»Wenn wir unser Horoskop betrachten und nach dem Sonnenzeichen (dem Sternzeichen, in dem die Sonne steht) suchen, müssen wir immer im Auge behalten, daß die Erde dann genau gegenüber steht. Ein Beispiel: ich ›bin‹ Löwe, im August geboren, im August steht die Sonne im Sternbild Löwe, die Erde aber steht genau gegenüber im Sternbild Wassermann, also ›bin‹ ich auch Wassermann. Zwischen diesen beiden Sternzeichen findet ein Austausch von Energien statt, die in meinem Leben wichtig werden.«[55]

Da Sonne und Erde bei der Ermittlung der Gestirnsstände in einem direkten Zusammenhang stehen, ist der Stand der Erde im Tierkreis ebenfalls direkt mit der Sonne verbunden.

Wenn man eine Achse durch den Sonnenmittelpunkt zieht und diese auf den Tierkreis projiziert, kann man diese Achse in der anderen Richtung durch den Mittelpunkt der Erde verlängern. Auf diese Weise erhält man eine Opposition von Sonne und Erde. Auf das Horoskop bezogen bedeutet dies, daß die Erde der Sonne direkt gegenüber oder in exakter Opposition zu ihr steht. Die Erde befindet sich also gradgenau im gegenüberliegenden Tierkreiszeichen der Sonne. (Siehe Abbildung auf Seite 74.)

Zur Berechnung der Erde benötigen wir also keine neuen Ephemeriden. Vielmehr verfahren wir wie beim absteigenden Mondknoten und tragen die Erde *in genauer Opposition* zur Sonne ins Horoskop ein.

Daraus ergeben sich folgende Konstellationen:

Sonne im Widder	–	Erde in der Waage
Sonne im Stier	–	Erde im Skorpion
Sonne in den Zwillingen	–	Erde im Schützen
Sonne im Krebs	–	Erde im Steinbock
Sonne im Löwen	–	Erde im Wassermann
Sonne in der Jungfrau	–	Erde in den Fischen

Sonne in der Waage	–	Erde im Widder
Sonne im Skorpion	–	Erde im Stier
Sonne im Schützen	–	Erde in den Zwillingen
Sonne im Steinbock	–	Erde im Krebs
Sonne im Wassermann	–	Erde im Löwen
Sonne in den Fischen	–	Erde in der Jungfrau

Zuordnung der Erde

Das Symbol des Planeten Erde ist das vom Kreis umschlossene Kreuz, wobei das Kreuz die Materie symbolisiert.

Das Symbol der Erde

Das Kreuz setzt sich aus dem stehenden und dem liegenden Strahl zusammen. Nach dem Shiva-Purana erscheint der Gott Shiva als aufrechter Lichtstrahl, das Ursymbol für die aktive Zeugungskraft. Die liegende Linie ist ein uraltes Symbol für den Horizont oder die Erdoberfläche. Als liegender Strahl versinnbildlicht sie die empfängliche, weibliche Energie. Wenn sich die beiden Linien kreuzen, entsteht die Welt der Materie und die Vierheit, die wiederum die vier Elemente auf der Erde repräsentiert.

Der Kreis gilt zum einen als Symbol für den ewigen Schöpfergeist, zum anderen stellt er das Leben selbst dar, wie es sich um die Leere (die Mitte des Kreises) oder aus der Leere heraus als unendliche Lebensreise entfaltet, deren Ende stets wieder in einen neuen Anfang mündet. In diesen Kreislauf ist die Materie eingebunden, weshalb das Kreuz vom Kreis umgeben ist. Somit steht das Erdsymbol für die aus der ewigen Schöpfung geborene (materialisierte) Form.

Zuordnung der Erde im Tierkreis:
Die Erde ist die Herrscherin des Zeichens *Jungfrau* und des *sechsten Hauses.*

Merkur, den man diesem Tierkreiszeichen bisher zugeordnet hat, wurde der Jungfrau nicht gerecht. Jungfrau ist kein Merkur-Zeichen im Sinne der Symbolik dieses Planeten. Jungfrau hat vor allem mit dem Not-Wendenden zu tun, mit Veränderung durch Erkenntnis, Bewußtwerden und Heilung. Sie ist das Zeichen der »irdischen« konkreten, physischen Helfer, also der Ärzte, Krankenschwestern, Heilpraktiker und anderer Heilberufe, der Sozialarbeiter und Körpertherapeuten. Die Jungfrau arbeitet im Stofflichen, während Merkur, der Herrscher der Zwillinge, luftige oder geistige Interessen hat.

Jungfrau »ist die Gestalt der reinen Göttin, die das Gewachsene und Gereifte einbringt und bewahrt, ... die nicht an Familie, Heim, Haus oder an gesellschaftliche Strukturen gebunden war.... Die weisen Frauen, die Schamaninnen, die Zauberinnen, die Heilerinnen wurden von der Inquisition ausgemerzt und etwas verändert als ›Heilige‹ wieder dem Volk zurückgegeben. Die Kraft der Jungfrau ist die Kraft der Göttin, die die Ernte schützt und segnet.«[56]

Wegen Merkur wurde dem Zeichen Jungfrau auch das Lernen und Lehren zugeschrieben, was ein Irrtum ist. Lernen und Lehren im Zusammenhang mit der Entwicklung intellektueller und geistiger Fähigkeiten und dem Sammeln und Vermitteln von Information und Wissen mit dem Ziel höherer Erkenntnis geschieht auf der Achse Zwillinge – Schütze.

Bekannte Jungfrau-Qualitäten sind das Dienen und das soziale Engagement, Fähigkeiten, die wiederum nicht zu Merkur passen. Dies sind nur einige Hinweise darauf, daß das Zeichen Jungfrau durch den falschen Herrscher Merkur in vieler Hinsicht fehlinterpretiert wurde. Wie wir noch sehen werden, ist die Herrscherin Erde für die Jungfrau wie maßgeschneidert. (Siehe unter »Erde in der Jungfrau« auf Seite 132.)

Das Tierkreiszeichen Jungfrau ist das vollkommene Symbol für die menschliche Inkarnation auf dem Planeten Erde. In dieser Verkörperung sucht die Seele durch seelische, geistige und körperliche Erfahrungen nach Bewußtwerdung und spiritueller Entwicklung. Die Schöpfungen sind hier stofflicher Natur –

die Seele sucht sich einen Körper, und Ideen nehmen eine materielle Form an.

Das Leiden in dieser stofflichen Schöpfung entsteht durch den Verlust oder das Vergessen (die Unbewußtheit) der Verbindung mit der Seele, mit der spirituellen Dimension, und damit der fehlenden Liebe, die in der Verbundenheit und damit der Ganzheit geschieht. Daher ist der Weg durch die irdischen Verkörperungen ein Weg der Bewußtwerdung, eine ständige Bewußtseinserweiterung zur Wiedererlangung der Seelenverbindung.

Das Zeichen Jungfrau hat daher immer mit Heilung im Sinne von Ganzwerdung und dem Not-Wendenden zu tun. Die bisherigen Deutungen im Hinblick auf seinen Herrscher Merkur wurden seinem wahren Gehalt kaum gerecht. Aber was die Heilung der Erde und des Menschen betrifft, stehen wir ja noch ganz am Anfang.

Auch die Astrologie spiegelt den Bewußtseinsstand des Menschen wider. So liest man beispielsweise in Büchern von manchen astrologischen »Altmeistern«, man könne die Deutung der transsaturnischen Planeten im Geburtshoroskop ruhig vernachlässigen, da es sich ja um sogenannte »Generationsplaneten« handle. Ehrlicher oder bewußter wäre die Aussage gewesen, daß man über diese Planeten, besonders über Pluto, der erst im Jahre 1930 entdeckt wurde, noch nichts wußte und deshalb keine gehaltvollen Aussagen über ihre Bedeutung machen konnte. Heute wird wohl kaum jemand mehr den massiven Einfluß von Uranus, Neptun und Pluto in seinem eigenen Horoskop leugnen, und sie als »Generationsthematik« abtun!

Vielmehr ist es so, daß die Wirkungsweise und der Einfluß der Planeten in einem Menschen von seinem Bewußtheitsgrad, seiner Entwicklung und seiner seelischen Reife abhängig sind. Manche Menschen entwickeln sich beispielsweise kaum oder gar nicht über Saturn hinaus und erfahren die transsaturnischen Planeten (Uranus, Neptun, Pluto und Chiron) in »äußeren« Ereignissen. Je höher ein Mensch spirituell entwickelt ist, desto mehr muß sein Horoskop als »Seelenhoroskop« unter ganz anderen Gesichtspunkten gedeutet werden, da er die Planetenenergien bereits in verfeinerter und transformierter Weise kanalisiert und ausdrückt.

Eine weitere Erkenntnis im Zusammenhang mit dem Planeten Erde ist die Ungenauigkeit des Begriffs Erde als eines der vier in der Astrologie verwendeten Elemente. Das Element »Erde« müßte infolge der Zuordnung des Planeten Erde zum Erdzeichen Jungfrau besser als »Materie« oder »Stein« definiert werden. Wenn man Feuer, Wasser und Luft betrachtet, ist »Erde« sowieso ein sehr schwammiger und unzutreffender Begriff.

Bedeutung der Erde

Wenn Sie die Erde nun in Ihr Geburtshoroskop eintragen, wie in den Beispielhoroskopen in Kapitel 12 abgebildet, beginnen Sie ein Experiment. Sie betreten absolutes Neuland und erobern sich einen Teil Ihrer Gesamtpersönlichkeit zurück und werden um diesen wesentlichen Teil vollständiger im Hinblick auf Ganzheit und Heilung. (Siehe Kapitel 7 auf Seite 99.)

Darüber hinaus wird Ihre Aufgabe hinsichtlich Ihres seelischen Wachstums und Ihrer Bewußtseinsentwicklung klar, die sich Ihre Seele auf der Erde vorgenommen hat. Sie erkennen, in welcher Beziehung Sie zur Erde stehen und damit zur »inneren« Erde als Urmutter und Vertrauensbasis ins Leben. Sie erkennen Ihre persönliche Polarität des erwachsenen Mannes (Sonne) und der erwachsenen Frau (Erde), sowie die Stellung Ihres inneren Kindes (Mond) darin, bzw. des Kindes, das aus dieser Verbindung hervorgehen kann, wenn Sie sich dazu entscheiden. Bestenfalls finden Sie Ihre »innere« Familie, das Inbild für die heilige Drei, die Sie im Außen manifestieren können. Das Mysterium der Jungfrau enthält einen »Hinweis auf die wesensgemäße Identität des Sohnes mit dem Vater, dem ›Unsterblichen‹, und mit der ewigen Mutter, das heißt also mit Geist und Materie.«[57]

Die Achse Sonne – Erde gibt uns somit Aufschluß über unseren *Seelenweg in der augenblicklichen Inkarnation.*

Die wahre Bedeutung der Erde wurde bisher nicht genauer bekannt gegeben. Die Gründe hierfür liegen in der Gefahr des Machtmißbrauchs, da die Mehrheit der Menschen bis heute für gewisse Offenbarungen und Kenntnisse nicht reif genug ist. In den wenigen vorhandenen Quellen wurden teilweise widersprüchliche Informationen überliefert.

Die Erde wurde beispielsweise als unbedeutender Planet bezeichnet, um das wahre Wissen um ihre Bedeutung zu verschleiern und zu schützen. Wenn wir jedoch die Tatsache berücksichtigen, daß die Erde als esoterischer Herrscher des Zeichens Schütze angegeben wird, und das Zeichen Jungfrau als eines der wichtigsten auf dem Einweihungsweg gilt, ahnen wir, daß sich hinter dem Planeten Erde viel mehr verbirgt, als wir bisher wissen. »Das Zeichen Jungfrau ist eines der wichtigsten im Tierkreis, denn seine Symbolik betrifft das Gesamtziel der Evolution, nämlich die verborgene geistige Wirklichkeit zu behüten, zu nähren und schließlich zu offenbaren.«[58] Die Jungfrau ist eine machtvolle Äußerung der Weltseele (Anima mundi).

Wenn Alice Bailey die Jungfrau als die kosmische Mutter bezeichnet, die den Keim des Christuslebens behütet[59], können wir in dieser Definition mühelos die Achse Jungfrau – Fische erkennen. Jungfrau ist die falsche Überlieferung eines uralten atlantischen Namens für das Mutterprinzip in der matriarchalen Gesellschaft. »Jungfräuliche« Gottheiten aus dieser Zeit sind Lilith, aber auch Eva, Isis und Maria, wobei die drei letzten Gottheiten in sich die gesamte Formnatur verkörpern.[60] »Das Zeichen Jungfrau selbst bedeutet eine Synthese dieser drei weiblichen Aspekte Eva, Isis und Maria. Sie ist die jungfräuliche Mutter, die das bereitstellt, was für die mentale, emotionale und physische Wesensäußerung der verborgenen, doch immer anwesenden Göttlichkeit benötigt wird.«[61] Auch hier sehen wir wieder das not-wendende Element, das zur Manifestation des Göttlichen führt und damit Verbundenheit und Heilung bewirkt.

Mit dem Zeichen Schütze ist die Jungfrau in das Veränderliche Kreuz (bestehend aus den vier sogenannten veränderlichen Zeichen, Zwillinge, Jungfrau, Schütze und Fische) eingebunden, dessen Thema der Dienst oder das Dienen ist. »In der Jungfrau tauschen Materie und Substanz ihren Dienst gegenseitig aus und jeder dient dem anderen. Im Schützen finden wir den Dienst am Einen Leben im Sinne des Dienstes an der Hierarchie, der planetarischen Ausdrucksform für die Idee des Dienens ... Man hat gesagt, daß Jungfrau ›den Dienst am unmittelbar Gegenwärtigen‹ einschließt, oder mit anderen Worten, daß der innewohnende Gott eine Reaktion von der Formseite hervorruft, und daß ihm dadurch gedient wird.«[62]

Die Jungfrau gehört zu den vom Element »Erde« beherrschten Erdzeichen (Stier, Jungfrau, Steinbock), die, exoterisch betrachtet, die Formebene und die sichtbare Oberfläche der materiellen Schöpfung auf der Erde repräsentieren. Im Stier finden wir das Licht der Erkenntnis, das die Antriebskraft hinter der Evolution bildet. In der Jungfrau als der Hüterin des Lichts der Weisheit verbirgt sich die Antriebskraft hinter der Jüngerschaft. Die Entwicklung von Stier und Jungfrau mündet schließlich im Steinbock in das Licht der Einweihung.[63] Die Steinbockenergie bewirkt, daß der Mensch die beschränkte, einseitige Ausrichtung auf das Materielle überwindet.

Dieser Prozeß findet auf der materiellen »Oberfläche der Erde« statt, das heißt, im Menschen und auf Erden. Allein diese Betrachtungen genügen, um die tiefere Bedeutung der Erde als Planet zu verdeutlichen und zu zeigen, daß sie im kosmischen Gesamtgefüge in Wahrheit keine geringe Rolle spielt.

Im Jahr 1934 wies Alice Bailey darauf hin, daß es irgendwann einmal möglich sein wird, das kosmische Horoskop der Erde zu erstellen.[64] Dabei bezieht sie sich jedoch auf einen fernen Zeitpunkt in der Geschichte der menschlichen Evolution, wo sich der Mensch über den Einfluß des irdischen Tierkreises hinausentwickelt haben wird. Der Hinweis auf die Erstellung eines Horoskops für die Erde ist jedoch auch für die Gegenwart interessant, zumal wir bei jeder (Wieder-)Entdeckung eines Planeten betrachten, in welchem Tierkreiszeichen und in welchen Konstellationen mit anderen Planeten er sich im Moment seiner Entdeckung befand.

Zu Anfang dieses Buches erwähnte ich die Veränderung der Perspektive, wenn wir die Erde vom Weltraum aus betrachten, wozu wir erst in der Lage sind, seit es Raumschiffe gibt, die mit menschlichen Astronauten bemannt werden können. So gesehen, könnten wir eine astrologische Momentaufnahme von der Erde machen und ein intergalaktisches Horoskop für sie erstellen.

Es ist für mich auch kein Zufall, daß mir die Inspirationen zu diesem Buch genau an den Weihnachtstagen des Jahres 1992 zuteil wurden, als die Sonne eine Konjunktion mit Mond im Steinbock bildete, und die Erde folglich im Mond-Zeichen Krebs stand. Für mich erlebte sie eine Art Neugeburt in der Welt der Form. Ich empfand sie wie das Waisenkind, das der Steinbock nun wie ein reifer, verantwortungsvoller, fürsorglicher Vater öffentlich anerkannte. Von diesem Moment an begann die Erde, unter seinem Schutz und unter seiner Förderung zu dem eigenständigen Wesen heranzuwachsen, das sie in Wahrheit ist. Mir wurde bewußt, daß auch die Astrologie der Erde den Platz einräumen muß, der ihr in der Gesamtheit der Planeten in unserem Sonnensystem zusteht.

Tatsächlich kommt es beinahe der Entdeckung eines neuen Planeten gleich, wenn wir beginnen, die Erde in die Horoskopdeutung mit einzubeziehen. Sicherlich wird sich die Bedeutung der Erde in dem Maß offenbaren, wie der neue Mensch sie als Urmutter wieder integriert. In diesem Zusammenhang scheint es fast so, als hätten wir den Planeten, auf den die Menschen seit Jahrtausenden jeden Tag ihren Fuß setzen, tatsächlich noch nicht bewußt oder im Licht eines höheren Bewußtseins wahrgenommen.

Ich bin überzeugt, daß wir nun einen entscheidenden Schritt in der Evolution tun, indem wir auch die astrologische Erde aus der Unbewußtheit ins Bewußtsein heben. Wenn wir die Erde bewußt in unser eigenes Seelenhoroskop einbeziehen, wird uns ihre Bedeutung mehr und mehr enthüllt.

Die Astrologie der Zukunft wird die *Astrologie der Seele* sein, die sich mit dem Seelenweg des einzelnen Menschen beschäftigt. Die Bedeutung der Erde (und der Menschheit) im Kosmos darf unter keinen Umständen unterschätzt werden. Die Erde, bisher als »unheiliger« Planet bezeichnet, wird durch die Entwicklung des menschlichen Bewußtseins in der Zukunft zu einem heiligen Planeten werden. Es heißt, daß drei Hauptzentren zur Kanalisierung der drei universellen Grundenergien dienen – Shamballa, Hierarchie und Menschheit. Die menschliche Bestimmung liegt darin, das Reich Shamballa auf der Erde zu gründen. Die Hierarchie steht als Bindeglied zwischen Shamballa und den Menschen. Shamballa ist die neue Welt, in der sich ein höheres, eingeweihtes Bewußtsein manifestiert. Die Erde und ihre Bewohner stehen dann im kosmischen Zusammenspiel für höhere Energien zur Verfügung, die eine neue Schöpfung in die Welt der Form bringen.

Als esoterischer Herrscher ist die Erde mit dem Tierkreiszeichen Schütze verbunden, das besonders mit der Menschheit und ihrem Erscheinen auf der Erde zu tun hat. »Dieses frühere (atlantische; Anm. d. Verf.) Zeichen des Zentauren bedeutete die Evolution und die Entwicklung der menschlichen Seele mit ihren menschlichen Zielen, ihrer Selbstsucht, ihrer Identifizierung mit der Formgestalt, ihrem Verlangen und ihren Bestrebungen.... Das fest umrissene Ziel des Zentauren, nämlich die Befriedigung des Verlangens..., wird in späteren Stadien zum Ziel der Einweihung, das seine Befriedigung im Steinbock findet, nachdem die Vorarbeit im Schützen geleistet wurde.«[65]

Man könnte sagen, nachdem die Synthese der Achse Jungfrau-Fische und die Öffnung für und die Kanalisierung der spirituellen Energie erfolgt ist (»Fische-Jungfrau. Die Form offenbart die innewohnende Seele und läßt sie frei.«[66]), wird die Erde im Schützen erhöht. Sie befindet sich nun auf der Stufe zum heiligen Planeten. Das Dreieck Fische-Jungfrau-Schütze beinhaltet die Energie der Hingabe und des Idealismus, die auch als der sechste Strahl bekannt ist und den Willen zur Verursachung verkörpert, die Manifestation des Großen Plans, der sich im Reich Shamballa, dem Ort des All-einen, verbirgt. Irgendwann in der Zukunft unseres Planeten wird sich dieser Große Plan auf der Erde verwirklichen. Wenn uns dies klar ist, können wir die überaus wichtige Rolle erkennen, die die Erde in diesem Großen Plan spielt. Es ist von entscheidender Bedeutung, daß wir sie in jeder Weise erhalten und ihren und den Fortbestand der Menschheit sichern.

Sechstes Kapitel

Die Opposition Sonne – Erde

(Vision einer Synthese)

Wenn wir die Erde in der astrologischen Betrachtung berücksichtigen, erfährt die Sonne eine Erweiterung. Als »weiblichen« Gegenpol stellte man ihr bisher den Mond zur Seite. Doch wie schon die Achse *Steinbock* (mit dem ihm zugeordneten Planeten *Saturn*) – *Krebs* (mit dem ihm zugeordneten Planeten *Mond*) zeigt, ist Saturn der passendere Gegenpol des Mondes. Krebs und Steinbock sind die zwei Seiten der Medaille, und ihre beiden Herrscher Saturn und Mond passen gut zusammen. Der Mond braucht den Saturn und umgekehrt. Der Mond ist die Antwort (der Reagierende), Saturn die Verantwortung und die Eigenverantwortlichkeit. Der Mond ist der Offene, Ungeschützte, Strömende, Saturn der Umhüllende, Schützende, bestimmte Formen Manifestierende. Der Mond ist das Traumland, das Land, aus dem die Träume kommen. Saturn läßt die Träume materiell und physisch – wirklich – werden.

An dieser Stelle sei darauf hingewiesen, daß es sich hier um die Opposition Sonne – Erde handelt, die sich aus der Berechnung der Planeten ergibt. Im Urtierkreis ist der Gegenpol der Sonne (als der Herrscherin des Zeichens Löwe) der Uranus (als Herrscher des Zeichens Wassermann). Die Achse *Löwe-Wassermann* hat als Thema die Beleuchtung und Wahrnehmung – und die Vorstellung von – der diesseitigen (Sonne) und – die Vision von – der jenseitigen Welt (Uranus). Die Sonne läßt uns mit den physischen Augen die Erde (Jungfrau) sehen, Uranus öffnet unser Drittes Auge (Fische, Neptun).

In diesem Kapitel betrachten wir, was sich hinter der sich im Horoskop zwangsläufig ergebenden Opposition von Sonne und Erde verbirgt. Dabei kann die Sonne in jedem Tierkreiszeichen stehen, je nachdem, in welchem Monat der Betreffende geboren ist, und die Erde kann sich ebenfalls in allen, der Sonne gegenüberliegenden Tierkreiszeichen befinden. Dies nur, um die Opposition Sonne – Erde klar von den beiden Gegenpolen Erde – Neptun zu unterscheiden, die sich aus der Herrschaft der beiden Planeten über die Zeichen Jungfrau und Fische ergibt. Darauf kommen wir erst im nächsten Kapitel zu sprechen.

Der alten Symbolbedeutung der Sonne als der harmonischen Ergänzung des Mondes folgend, eignet sich die Erde als ihre sinnvolle Ergänzung besser. Dies kommt in der Opposition von Sonne und Erde deutlich zum Ausdruck. Wenn wir das alte Berechungssystem der Astrologie weiterführen wollen, müssen wir die Erde in Opposition, also gradgenau gegegenüber dem Sonnenstand im Horoskop ansiedeln. Dies bedeutet, daß jeder Mensch eine Sonne-Erde-Opposition im Geburtshoroskop aufweist, was uns Anlaß zu einigen interessanten und aufschlußreichen Folgerungen gibt.

Ihrem Wesen nach ist die Opposition der einzige Aspekt, der genau durch die Horoskopmitte verläuft. Die Tatsache, daß hier zwei polare Gegensätze eine gemeinsame Mitte finden können, aus der heraus ein neues Drittes als Ergebnis ihrer Synthese erwächst, macht sie zu einer ausgesprochen fruchtbaren und dynamischen Erfahrung.

Durch die Opposition lernen wir, daß sich Gegensätzliches nicht ausschließt, da es immer nur scheinbar, das heißt in unserer begrenzten Vorstellung, gegensätzlich ist. Nur weil wir in einer dualen Welt leben, funktioniert auch unser lineares Denken in Kategorien wie Schwarz und Weiß, gut und schlecht, ich und du, innen und außen usw. Aus diesem Grund stößt unser Verstand (Merkur) ständig an Grenzen (Saturn), und wir müssen diese im Diesseits erweitern (Jupiter) oder überschreiten und in jenseitige Dimensionen vordringen (Uranus), wenn wir eine Bewußtseinserweiterung herbeiführen und uns weiterentwickeln wollen.

Die Aspektlehre der Astrologie ist einer der bisher noch am wenigsten aktualisierten Bereiche. Die Deutung der Aspekte folgt immer noch buchstäblich mittelalterlichen Klischees und ist weitgehend überholt. Es gibt Astrologen, die überhaupt nicht mehr mit Aspekten arbeiten und die Winkelbeziehungen der Planeten zueinander nicht mehr ins Horoskop einzeichnen.

Dies ist eine Möglichkeit, unvoreingenommen auf die einzelnen Planeten einzugehen, und es ermöglicht uns, aus der Eigenart der Einzelteile, aus dem So-Sein der einzelnen Planeten in den Tierkreiszeichen, ihr Zusammenspiel als ganze Komposition selbst zu erfahren. Wir erhalten die Freiheit, erleben zu dürfen, welche Schöpfung (nämlich *wir*) sich unsere Seele für diese Inkarnation ausgedacht hat. Wir können erkennen, wie wir gedacht sind. Die Puzzleteile unseres Potentials fügen sich ganz von selbst zusammen, wenn wir sie nur lassen.

Wer kennt nicht die befreiende Wirkung, wenn er einmal ganz so sein darf, wie er ist, ohne Angst, ohne Zwang, ohne Beschränkung und Behinderung? Plötzlich rutscht er ganz von selbst in seine Mitte, da alle Teile lebendig sein dürfen. Das Horoskop ohne Aspekte ist eine Einladung, die Grenzen zu überschreiten und den bisherigen Rahmen der Vorstellung davon, wer wir sind, zu sprengen. Damit schaffen wir Raum für Kreativität und Lebensfreude. Das Horoskop bietet eine wunderbare und einfache Möglichkeit, sich selbst annehmen zu lernen.

Dieser kleine Umweg war notwendig, um zu erklären, warum es bei der Opposition Sonne-Erde letzlich gar nicht so sehr um die Eigenart dieses Aspekts an sich geht, sondern vielmehr darum, daß die beiden Planeten gradgenau in zwei gegenüberliegenden Tierkreiszeichen stehen. Sie verkörpern also zwei scheinbar gegensätzliche Seiten, die doch zu ein und derselben Medaille gehören. Kurz, sie haben ein gemeinsames Thema, was bei der Opposition oder den Tierkreiszeichen in Opposition stets der Fall ist.

Eine Achse (ein anderer Ausdruck für zwei gegenüberliegende Zeichen) stellt immer ein besonderes Lebensthema dar, zu dessen Erfahrung, Lösung und Transformation immer beide Tierkreiszeichen notwendig sind. Das eine kommt ohne das andere nicht weiter, auch wenn es im »unerlösten« Zustand der Opposition oft dazu kommt, daß eines von beiden Zeichen vom anderen völlig verdrängt oder unterdrückt wird. Dem unterdrückten bleibt daher nur die Möglichkeit, sich durch die Hintertür wieder hereinzuschleichen und sich in Form von körperlichen und psychischen Störungen bemerkbar zu machen. Es wird zum »Schatten«, von dem die Psychologen sprechen.

In Oppositionen finden wir zunächst meist einen Schatten, der nicht selten auf andere Menschen projiziert wird. Jemand mit einem Planeten im Widder und einem gegenüberliegenden in der Waage hält sich vielleicht für einen selbstlosen, altruistischen Menschen, und der Egoismus des Widders begegnet ihm ständig bei anderen Menschen, denen er natürlich bittere Vorwürfe macht. Was für ihn nicht zusammengeht, lehnt er ebenso vehement beim anderen ab, und merkt dabei nicht einmal, wie schlau ihn sein Widder austrickst: Seine Selbstlosigkeit ist nämlich in Wahrheit gar keine. Vielmehr ist sie ein Mittel für den verborgenen (Widder)-Zweck, andere in eine Position zu bringen, wo sie in seiner Schuld stehen. So versucht der Widder auf Umwegen, doch noch zu seinem Recht zu kommen.

Thorwald Dethlefsen schreibt über den Schatten: »Der Schatten ist kosmisches Bewußtsein minus Ich-Identifikation. Er ist der Rest, das, wozu wir ›Du‹ bzw. ›Welt‹ sagen, das, was uns gegenübersteht, was zum Gegenstand wird. Dieser Schatten ist es, der uns zur Ganzheit fehlt; er ist das, was uns zum ›Glück‹, zur Vollkommenheit, zum Heil fehlt.«[67]

Im Fall von Sonne und Erde kommt der Verdacht auf, die Erde könnte der Schatten der Sonne sein. Wir haben die Erde einfach unter den Tisch fallen lassen, ebenso, wie wir uns von unserem stofflichen Heimatplaneten entfremdet haben. Wir sind nicht mehr verbunden mit der Erde und der Natur, und vielleicht ist die fehlende astrologische Erde nur eine Analogie dazu. So wie die reale Sonne Licht auf die Erde bringt, beleuchtet sie das ihr im Horoskop gegenüberliegende Zeichen.

Umgekehrt ist auch die Sonne der *Schatten* der Erde. Wir Menschen, als ihre Bewohner, haben uns von der Sonne buchstäblich blenden lassen und darüber die Erde vergessen. Wir haben die Erde zum Schatten der Sonne gemacht, zu ihrem abgespaltenen Gegenpol. In seiner sonnenhaften Hybris hat der Mensch sich die Erde (und all seine Bewohner einschließlich seiner Artgenossen) in demütigender und destruktiver Weise untertan gemacht. Das ist die Folge einer ausschließlichen Sonnen-Orientiertheit.

Seltsamerweise suchten die Menschen seit Anbeginn nach einem Sinn. Entweder forschten sie nach dem Sinn ihres Erdenlebens oder, wenn ihnen das zu banal erschien, nach einem höheren Sinn, der nach Beendigung des irdischen Lebens auf sie wartete. Über den Sinn des Lebens zerbrachen sich die größten Denker den Kopf, doch nicht nur sie kamen zu bestimmten

Zeitpunkten ihres Lebens in eine Krise, in der die bange Frage nach dem ganz persönlichen Sinn auftauchte.

Immer wenn sich Menschen ungeliebt, verlassen und einsam fühlen, halten sie ihr Leben und ihr So-Sein gleichzeitig für sinnlos. »Wozu bin ich hier, wenn mich eh' keiner liebt?« fragen wir uns verzweifelt, und übersehen, daß Millionen vor uns und Millionen zur selben Zeit wie wir an der Beantwortung dieser Frage gescheitert sind.

Der weise Rat »Erkenne dich selbst« ist zur reinen Nabelschau verkümmert, seit die patriarchale Sonne das Zepter schwingt. Wir sind geblendet, wenn wir direkt in die Sonne schauen. Genauso blind sind wir für unser Selbst, wenn wir ständig zur astrologischen Sonne aufblicken und unser Ego mit unserem Selbst verwechseln. Der Sinn unseres So-Seins ist von Anfang an in unserem Gesamtpotential angelegt wie ein Same, den wir pflegen, gießen und nähren müssen, damit er aufblühen kann. Der *Sinn* ist der *Unterschied,* den wir durch unser So-Sein auf dieser Erde in dieser Inkarnation machen. Solange wir ihn, diesen Unterschied, nicht ausleben, fehlt uns zwangsläufig auch unser ganz persönlicher Sinn.

Wenn wir die Erde vergessen, vergessen, daß unser Hiersein einen Unterschied macht, und es diesen Unterschied nur hier auf der Erde gibt, müssen wir die Hälse nach den sonnenhaften Helden recken und nach Höherem schielen, weil uns noch gar nicht klar ist, daß es nichts Höheres für uns zu tun gibt, als diese Erde durch die bestmögliche Entwicklung und Entfaltung unseres Potentials zu bereichern. Uns fehlt der Mut zur Erde, zur Entdeckung unseres augenblicklichen, irdischen So-Seins. Solange wir nur zur Sonne aufblicken, macht sich niemand die Mühe herauszufinden, wer dieses Selbst hier unten auf Erden ist, und welchen Unterschied es macht.

In demselben verheerenden Ausmaß, wie wir unsere innere Erde zerstört haben, zerstören wir auch unsere äußere Umwelt. Und es wird tödliche Sonnenenergie sein, die uns und den menschlichen Lebensraum schließlich zerstört. So wie der Schutzmantel der Erde, die Ozonschicht, angegriffen ist, trifft es unsere Haut und die Schleimhäute, wenn sich die Wirkungen der tödlichen Strahlung bemerkbar machen.

Sonnenenergie ist nur in Verbindung mit einer gesunden

Erde nützlich. Nur wenn es den Regenwald gibt, kann die Energie der Sonne in einem Kreislauf mitwirken, der das Weltklima so erhält, daß wir und alle Geschöpfe auf der Erde überleben können. Gibt es keine Bäume mehr, wird die Sonnenenergie zum Großteil ins Weltall zurückreflektiert. Der andere Teil heizt den Boden auf, wodurch sich das Wetter drastisch verändert.

Auch bei der Entwicklung der Kernenergie stand die Sonne Pate, und der größte Triumph der Kernphysik ist die kürzlich geglückte Kernfusion, die bislang nur auf der Sonne möglich war. Bei alledem wurde die Erde und ihre Bewohner völlig übergangen. Daß es Solarenergiegewinnung gibt, die erd- und menschenfreundlich und -verträglich ist, gehört immer noch zu den Alternativen, für die sich viel zu wenige interessieren und einsetzen, geschweige denn, sie in privater Initiative anwenden. Die modernen Sonnenkönige heizen der Erde lieber selber ein, als daß sie Sonne und Erde gemeinsam die für ihre Kinder benötigte Wärme produzieren lassen.

Wer Menschen mit einem starken Löwe-Anteil im Horoskop kennt, die das Prinzip »Sonne« als Herrscherin des Zeichens Löwe repräsentieren, weiß um die Wärme und Großzügigkeit, mit der die Sonne andere beschenken kann. Das ist ein Beispiel für die Reinform der Sonnenenergie, die sich im Geben erfüllt, weil sie selbst im Überfluß hat. Dabei verliert sie nichts, sondern regeneriert sich, indem sie im Nehmenden ihren Sinn findet, ganz im Sinne des Nietzsche-Zitats, daß »der Gebende dem Nehmenden dankbar dafür sein muß, daß er nimmt.«

Ein Horoskop ohne Erde ist ebenso sinnlos (das heißt, ihm fehlt der Sinn) wie die Sinnsuche ohne Einbeziehung unserer physischen Existenz. Manche Astrologen weisen deshalb, wohl unbewußt ahnend, warum, darauf hin, daß man sich die Erde im Zentrum des Horoskops vorstellen müsse. Und wenn wir in unsere Mitte kommen, also all unsere Planetenkräfte vereinen, was dann? Ist das integrierte Selbst des Menschen in der Astrologie ein Synonym für die Mitte der Achse Sonne-Erde?

Wie ich bereits zu Anfang erwähnte, glaube ich nicht, daß Mensch und Erde so eng verbunden sind, wie die Astrologie bisweilen den Anschein erweckt. Mensch und Erde sind nicht eins. Der Mensch ist Gast auf der Erde, nicht anders als ein außerirdischer Besucher. Daß er ihre Gastfreundschaft mißbraucht und sich zu einem Schmarotzer entwickelt hat, stürzt den blauen Planeten in die Katastrophe. Nicht einmal die naturverbundensten Völker haben behauptet, daß der Mensch und die Erde symbiotisch miteinander verbunden sind. Wir sind ein Teil der Erde, nicht mehr und nicht weniger.

Wenn wir die Erde in Opposition zur Sonne betrachten, tritt eine Veränderung unserer Perspektive ein. Unsere Sonne, unser Sonnenzeichen bekommt plötzlich einen »erdbezogenen« Sinn. Sie steht nicht mehr allein an der Spitze einer willkürlichen Planetenhierarchie, sondern ist der eine Pol eines gemeinsamen Themas mit dem Planeten Erde.

Auch ihre Funktion wird dadurch eindeutiger. Die Sonne erhellt unser irdisches So-Sein. Sie macht uns als den Menschen sichtbar, der wir in dieser Inkarnation sind. Sie macht uns, unsere Erscheinung und unsere Taten sichtbar für uns und andere. Sie macht uns bewußt, daß unser Leben einen Unterschied macht, und daß dieser Unterschied gebraucht wird und daher sinnvoll ist.

Ist Ihnen schon einmal aufgefallen, daß Menschen mit einer Waage-Sonne auffallend häufig ein Problem mit dem Zeichen Widder haben, auch wenn sie dort keine anderen Planeten stehen haben? Sicher, die Astrologie deutete diesen Umstand bisher so, daß man mit seinem Oppositionszeichen eben Schwierigkeiten hat, da es so konträr zum eigenen Wesen ist. Aber wenn man logisch denkt, müßte man dann mit allen Tierkreiszeichen, die sich in Oppositon zu den übrigen neun Planeten befinden, ebenfalls auf Kriegsfuß stehen.

Ich habe oft gefunden, daß beispielsweise Waage-Geborene einen auffälligen Konflikt mit Widder-Themen haben. Ebenso fiel mir auf, das Stier-Geborene sich viel mit Skorpion-Themen auseinandersetzen. Dies trifft auch auf alle anderen Sonnen-Zeichen zu. Seit ich die Erde für das Horoskop entdeckt habe, wurde mir diese scheinbare Ungereimtheit klar, denn schließlich steht die *Erde* im Oppositionszeichen der Sonne.

Wenn wir die Erde aus ihrem Schattendasein erlösen, muß auch sie die Sonne als ihren Schatten entdecken und integrieren. Die Erde braucht das Sonnenlicht. Es muß Licht werden auf ihr, in physikalischer, geistiger und spiritueller Hinsicht.

Der Kampf um die Synthese von Licht und Finsternis, von den dunklen und hellen Mächten, findet hier auf Erden unter unserer Sonne statt.

Warum sich die Finsternis bisher noch nicht verwandelt hat, liegt daran, daß wir dem Irrtum erlegen sind, wir könnten sie verbannen, wenn wir uns ausschließlich der Macht der Sonne verschreiben. Alle Bemühungen der Menschen in der Wissenschaft, Technik, Medizin und Psychologie zielen im Kern darauf ab, sich von der abgrundtiefen Angst vor den Auswirkungen des vermeintlich Dunklen zu befreien, von allem, was das eigene Leben bedroht. Egal ob auf der physischen, intellektuellen oder spirituellen Ebene, läßt sich alles Menschengemachte auf seine Urangst reduzieren, von etwas Bösem bedroht zu werden, sei dies ein äußerer Feind, eine Krankheit oder ein Dämon.

Die Aufgabe, die sich in der Integration des Schattens auf der Achse Sonne-Erde, verbirgt, besteht darin zu lernen, sich sowohl mit dem Licht als auch mit der Dunkelheit zu verbünden. So wie die Nacht ihre eigenen Kräfte und Energien besitzt, die wir für vielerlei Aktivitäten nutzen können, sind die Kräfte des Lichts unsere Helfer in der Tagwelt. Carlos Castanedas Lehrer Don Juan geht sogar soweit, daß er den Tod als unseren engsten Verbündeten bezeichnet, der immer an unserer Seite geht.

Die Finsternis wird nur im unerlösten Zustand zum Inbegriff des Bösen. Destruktive Macht ist unerlöste Kraft, die sich wehrt. Erlösung vom Bösen kann solange nicht geschehen, wie wir an dem Irrtum festhalten, es ließe sich vernichten. Die Schöpfung ist unsterblich, und dieses Gesetz umfaßt alle Schöpfungen. Erlösung geschieht durch Verwandlung oder Transformation, und die wiederum wird erst in der Synthese möglich. Astrologisch findet diese Synthese in der Opposition statt, im Zusammentreffen zweier Gegenpole in der Mitte. Daraus entsteht das neue Dritte.

Dieses Thema der Erlösung, der Synthese von Licht und Dunkel, ist in der Achse Sonne-Erde enthalten. Dadurch wird verstehbar, warum wir häufig erleben, daß wir mit dem Tierkreiszeichen, das in Opposition zu unserer Sonne im Horoskop steht, unsere Schwierigkeiten haben. In manchen Lebensphasen begegnen wir ständig Vertretern des Tierkreiszeichens, das unserem Sonnenzeichen genau gegenüber liegt. In diesen Begegnungen werden wir mit unserem Schatten konfrontiert – mit unserer Erde, der wilden, ungezähmten weiblichen Urnatur. Und genau diese finden wir auch draußen in der freien Natur, in der Wildnis und bei den frei lebendenden und wilden Tieren, die unsere Erde bevölkern.

Die Symptome der Abspaltung von der Erde und der wilden Urnatur machen sich in analogen Symbolen bemerkbar, die zum Beispiel in Träumen auftauchen. Clarissa Estés berichtet aus ihrer psychologischen Praxis, »viele träumten von verwundeten Tieren, wobei sich die Anzahl solcher Träume in den letzten zehn Jahren dramatisch steigerte. Es ist kaum zu übersehen, daß die Zunahme derartiger Träume mit der zunehmenden Vernichtung der Wildwesen auf diesem Planeten einhergeht.... Obwohl verwundete Tiere in Träumen etwas über den Zustand der Instinktnatur des Träumers aussagen, reflektieren sie darüber hinaus auch die verheerenden Einschnitte in das kollektive Unbewußte. Wenn die Kultur ihre Bürger daran hindert, in der Tier- und Menschenwelt gleichzeitig zu leben, träumen sie von verwundeten und behinderten Tieren, denn die Psyche muß sehen, wie sie den Verlust des persönlichen und des kollektiven Zugangs zur Wildnatur verarbeitet oder, besser gesagt, verschmerzt.«[68]

Dies erhellt auch das Phänomen, daß wir häufig genau mit Themen zu tun haben und uns mit Inhalten befassen, die dem unserer Sonne gegenüberliegenden Zeichen zugeordnet werden, selbst wenn unser Horoskop dort unbesetzt ist, das heißt, in diesem Tierkreiszeichen keine Planeten aufweist.

Widder-Sonnen sind auffallend häufig mit dem Thema Partnersuche, Partnerschaft und Ehe beschäftigt – *ein Waage-Thema.*

Stier-Sonnen haben ein auffälliges Faible für die Abgründe und Katastrophen des menschlichen Lebens – *ein Skorpion-Thema.*

Zwillinge-Sonnen sind verblüffend oft um höhere Ideale und holistische Philosophien bemüht – *ein Schütze-Thema.*

Krebs-Sonnen strengen sich furchtbar an, um sich für kollektiv wichtige Belange einzusetzen – *ein Steinbock-Thema.*

Löwe-Sonnen kommen häufig mit unkonventionellen, revolutionären, ausgeflippten, abgehobenen Menschen, Philosophien und Techniken in Berührung – *ein Wassermann-Thema.*

Jungfrau-Sonnen ähneln oftmals Mutter Theresa und lösen ihr Ego in ihrer Liebe und Aufopferung für andere auf – *ein Fische-Thema.*

Waage-Sonnen sind gar nicht besonders altruistisch, sondern sehr besorgt, daß ihr eigenes Ich nicht zu kurz kommt – *ein Widder-Thema.*

Skorpion-Sonnen bemühen sich verblüffend häufig um ein solides, sicheres Fundament, auf das sie ihren Besitz bauen können – *ein Stier-Thema.*

Schütze-Sonnen haben oft alle Mühe, den Überblick nicht zu verlieren, weil sie den Wald vor lauter Bäumen nicht mehr sehen – *ein Zwillinge-Thema.*

Steinbock-Sonnen sind häufig rührend besorgt um ihr eigenes und andere Seelchen – *ein Krebs-Thema.*

Wassermann-Sonnen haben auffallend oft ein massives Ego-Problem – ein *Löwe-Thema.*

Fische-Sonnen sind überraschend häufig dort zur Stelle, wo es brennt und wo Not am Mann ist – ein *Jungfrau-Thema.*

Hierzu ein paar Beispiele und Fragen. Wer spürt bei den folgenden bekannten Persönlichkeiten nicht die Qualitäten des Tierkreiszeichens, das dem Sonnen-Zeichen der Betreffenden gegenüberliegt, und in das keine anderen Planeten fallen? Wie kann es sein, daß wir die Qualität eines praktisch nicht vorhandenen Tierkreiszeichens so deutlich in einem Menschen wahrnehmen? Wenn wir die Erde in diesem Zeichen ansiedeln, finden wir eine Erklärung dafür.

Der Schriftsteller und Philosoph *Jean-Paul Sartre,* geboren am 21.06.1905, 18.36 GMT, in Paris/F:

Zwillinge-Sonne, keine Planeten im Schützen. Wer spürt bei Sartre nicht den Schütze-Einfluß?

Der Schriftsteller und Dichter *Hermann Hesse,* geboren am 02.07.1877, 17.55 GMT, in Calw:

Sonne im Krebs, keine Planeten im Steinbock. In all seinen

Werken ist der Steinbock spürbar. Man denke einmal an »Narziß und Goldmund«, »Der Steppenwolf«, »Demian« oder »Siddhartha«.

Der Maler *Paul Cézanne,* geboren am 19. 01. 1839, 00.38 GMT, in Aix-en-Provence/F:

Sonne im Steinbock, keine Planeten im Krebs. In all seinen Landschaftsbildern von der Provence ist der Krebs deutlich zu erkennen. Man erinnere sich an seine Farben und daran, daß er ohne Schwarz malte, und natürlich an seine berühmten Stilleben mit Äpfeln. (Gemälde wie »Äpfel und Orangen« (1895–1900) muten fast stierhaft an. Die Tierkreiszeichen Stier und Krebs sind sich in einigen Bereichen sehr ähnlich, was in vielen von Cézannes Bildern zum Ausdruck kommt.)

Die britische Premierministerin *Margaret Thatcher,* geboren am 13. 10. 1925, 9.00 GMT, in Grantham/Lincolnshire/GB:

Sonne in der Waage, außer Chiron keine Planeten im Widder. Was macht die »eiserne Lady« wohl so widderhaft?

Grace Kelly, die verstorbene Fürstin Gracia Patricia von Monaco, geboren am 12. 11. 1929, 10.31 GMT, in Philadelphia/PA/USA:

Skorpion-Sonne, keine Planeten im Stier (außer aufsteigender Mondknoten und Chiron). War in ihren Ambitionen als Landesmutter für ihr kleines Reich etwa kein Stier-Einfluß zu erkennen?

Der ermordete amerikanische Präsident *John F.Kennedy,* geboren am 29. 05. 1917, 20.00 GMT, in Brookline/MA/USA:

Sonne in den Zwillingen, keine Planeten im Schützen. Klassischer als das Idol Kennedy kann man den Schützen wohl kaum repräsentieren!

Der Schauspieler *Woody Allen,* geboren am 01. 12. 1935, 03.55 GMT, in Bronx, NY/USA:

Sonne im Schützen, außer Chiron keine Planeten in den Zwillingen. Wenn seine Filme nicht »zwillingshaft« und er selbst nicht der typische Zwillings-Intellektuelle ist, wer dann?

Die Schauspielerin *Jodie Foster,* geboren am 19. 11. 1962, 16.14 GMT, in Los Angeles, CA/USA:

Sonne im Skorpion, keine Planeten im Stier. So skorpionisch ihre Filmthemen, so stierhaft führte sie erstmals Regie in dem stiertypischen Film über das Wunderkind Tate, dessen Mutter sie spielt. Auch ihr Privatleben soll angeblich sehr stierbetont sein.

Der Schauspieler *Lino Ventura,* geboren am 14. 07. 1919, 7.30 GMT, in Parma/I:

Sonne im Krebs, keine Planeten im Steinbock. Aus ihm lacht der Steinbock doch geradezu, nicht nur in seinen Filmrollen!

Die Schauspielerin *Hanna Schygulla,* geboren am 25. 12. 1943 in Kattowitz/PL (Geburtszeit unbekannt):

Sonne im Steinbock, keine Planeten im Krebs. Wer »krebste« in den Filmen von Rainer Werner Fassbinder besser als die Schygulla?

Der Schauspieler *Dustin Hoffman,* geboren am 08. 08. 1937, 17.07 PST (01.07 GMT am 9.8.), in Los Angeles, CA/USA:

Sonne im Löwen, keine Planeten im Wassermann. In seinem Film »Rainman« präsentierte sich Dustin Hoffman in bester Wassermann-Manier.

Der verstorbene Schauspieler *Klaus Kinski,* geboren am 18. 10. 1926 in Zoppot/PL (Geburtszeit unbekannt):

Sonne in der Waage, keine Planeten im Widder. Woher kam wohl der Egomane in diesem Waage-Mann?

Die Schauspielerin *Isabelle Adjani,* geboren am 27. 06. 1955, 00.05 GMT, in Paris/F:

Sonne im Krebs, keine Planeten im Steinbock. Kein Krebs verkörpert den Steinbock so gut wie sie, und das ganz ohne eigene Steinbock-Anteile! Man denke z. B. an den Truffault-Film »Die Geschichte der Adèle H.«, in dem Isabelle Adjani die Tochter des berühmten Schriftstellers Victor Hugo spielt.

Noch ein kurzer Hinweis:

Falls Sie einwenden, Schauspieler zeichneten sich gerade dadurch aus, daß sie in Rollen schlüpfen und daher die unterschiedlichsten Tierkreiszeichen-Inhalte verkörpern können, möchte ich darauf hinweisen, daß ich dieses Phänomen nicht nur bei berühmten Persönlichkeiten gefunden habe. In einem Buch eignen sie sich nur besser zu Veranschaulichung, weil viel über sie und ihr Leben bekannt ist. Darüber hinaus ist interessant, daß der betreffende Schauspieler wiederum das Erde-Zeichen ganz besonders zum Ausdruck bringt oder in seinen Rollen als Thema aufgreift, und eben nicht jedes x-beliebige.

Es scheint beinahe so, als ob die Erde eine ausgleichende Wirkung auf die Sonne hätte. Sie balanciert das Extreme der Sonne aus, indem sie einen Gegenpol schafft, so als würde sie die unerlösten oder extremen Anteile der Sonne buchstäblich *auf die Erde bringen* und auf den festen Boden holen. Damit verleiht sie den Absichten, die wir mit unseren Sonne-Energien hegen, ein konkretes, realistisches Ziel. Wir wissen nun viel besser, wozu wir unsere feurige Sonnennatur brauchen, wozu sie gut und nützlich ist. Wir spüren, wann wir uns mit unserer Sonnenhaftigkeit »versteigen«, wann unsere Selbstdarstellung und -verwirklichung einseitig, extrem und unausgewogen wird. Allmählich wird uns dadurch bewußt, warum wir unsere Sonne brauchen, so wie sie ist, dargestellt von ihrem Tierkreiszeichen.

Vielleicht läßt sich die Opposition Sonne-Erde so deuten, daß sich hierin der individuelle Stand der Persönlichkeit in diesem Erdenleben offenbart, der Seelenweg in dieser menschlichen Inkarnation, ausgedrückt in der jeweiligen Tierkreiszeichen-Achse.

Mir persönlich fiel so manches wie Schuppen von den Augen, als ich meine Erde im Horoskop fand. Ich bekam eine Vorstellung, welchen Sinn meine aus den vielen Einzelfaktoren des Horoskops zusammengesetzte Person sich für dieses Leben gesucht hat. Die Achse symbolisiert sehr klar, was sich meine Seele für dieses Erdenleben als Aufgabe vorgenommen hat, das heißt, welchen Schatten es für mich zu integrieren gilt, um zur Transformation meines Ichs und zu einer größeren Integration zu gelangen – mehr zu meinem wahren, wilden Selbst.

Befinden sich weitere Planeten im Oppositionszeichen zur

Sonne, bilden sie gleichzeitig eine *Konjunktion mit der Erde.* Ich habe festgestellt, daß unter diesem Gesichtspunkt noch klarer wird, warum diese Planeten ein so besonders großes Gewicht für den mit dieser Konstellation Geborenen haben, und den einzelnen so intensiv beschäftigen oder zum Leiden bringen, solange er sie nicht erlöst hat (das heißt, leben kann). Diese Planeten, in Konjunktion zur Erde betrachtet, spielen eine besonders zentrale Rolle für den Lebensplan seiner Seele. Sie sind seine engsten Verbündeten zur Verwirklichung seiner Aufgabe, seines Plans, seines Unterschieds.

Wie schön die Erde durch die Sonne wird, können wir an jedem strahlenden Sommertag sehen. Wie schön die Sonne durch die Erde wird, erkennen wir an den wunderbaren Sonnenauf- und untergängen. Beide Planeten werden durch den anderen reicher. Die Sonne allein könnten wir nicht einmal mit bloßem Auge betrachten, ohne zu erblinden. Die Erde allein wäre so trist wie eine Mondlandschaft. Beide Planeten zusammen schenken sich Erfüllung. Sie erfüllen sich, werden vollständig und ganz durch den anderen, so daß aus ihrer Synthese neue Schöpfungen hervorgehen.

Vielleicht können wir die Schönheit unserer Seele wieder besser erkennen, wenn wir auch im Horoskop eine Sonne *und* eine Erde besitzen. Vielleicht waren wir auch nur von dem gleißenden Feuerball der Sonne geblendet, solange uns die Erde fehlte, und wir nahmen ihr perfekt aufeinander abgestimmtes Zusammenspiel nicht wahr?

Das Beste, was uns passieren kann, wenn wir von »unserer« Erde im Horoskop genauso sprechen, wie von »unserem« Mond, »unserem« Merkur oder »unserem« Saturn, ist die Wiedererweckung des intensiven Lebensgefühls, das immer dann entsteht, wenn wir spüren, daß wir genau das Richtige tun, genau das, was unserem innersten Wunsch und unserem Wesen entspricht. Denn dann sind wir in Einklang mit dem Plan unserer Seele und folgen ihrem Ruf, hier auf Erden in diesem individuellen Körper, mit unseren ureigenen Fähigkeiten unseren Beitrag zu leisten.

Sogar das Leben derjenigen, die das Hier nur dazu benutzen, sich auf ihren »höheren« Sinn in der spirituellen Welt vorzubereiten, erfüllt genau diesen Sinn. Und letztlich ist es die Erde, die uns darauf hinweist, daß das Spirituelle überall ist, und daß sie sogar der zur Heilung und Vervollkommnung notwendige Pol in der Stofflichkeit ist.

Die Sonne ist dazu da, Licht auf die physische Welt und unser Ich zu werfen, und die Erde bringt all die Schätze mit, die von der Sonne sichtbar gemacht und befruchtet werden können. Gemeinsam bergen sie das Potential für ein beseeltes, irdisches Leben im Licht.

Siebentes Kapitel

Die Bedeutung der Achse Jungfrau – Fische (Heil-Werden)

Über Heilung wurde schon viel geschrieben. Ich möchte das Thema daher nicht im üblichen Sinne erörtern. Um den Zusammenhang zwischen Heilung und der Erde zu erläutern, folgen ein paar erweiternde Betrachtungen.

Der Teufelskreis von Krankheit beginnt bei vielen Menschen in ihrer Kindheit, als sie von ihren Eltern nicht so geliebt und angenommen wurden, wie es für die gesunde, ungestörte Entwicklung ihres individuellen Wesens nötig gewesen wäre. Die Eltern ihrer Eltern haben sich ebenso verhalten, und sie selbst geben als Erwachsene ihr Fehlverhalten wieder an ihre eigenen Kinder weiter, wodurch die endlose Kette von menschlichem Leid entsteht, die sich von der Vergangenheit bis in die Gegenwart fortsetzt – falls die alten Wunden nicht geheilt und die Kette unterbrochen wird. Insofern sind alle Opfer und Täter zugleich, und letztendlich leiden alle an mangelnder Selbstliebe, die Selbstachtung, Selbstwertgefühl und das Gefühl für die eigene Lebensaufgabe, den individuellen Unterschied, den persönlichen Lebenssinn, beinhaltet. Louise L. Hay erklärt, »viele unserer körperlichen, emotionalen und spirituellen Probleme bestünden aus einem Mangel an Liebe.«[69]

Man könnte sagen, die Wurzel allen Leidens ist mangelnde Liebe einschließlich Selbstliebe. Die erste Auswirkung davon ist, daß wir Teile von uns abspalten, ablehnen, verdrängen, unterdrücken, ausblenden, oder überbewerten, sublimieren, ersetzen, projizieren usw., kurz, wir sind nicht in Harmonie mit dem Ganzen. Daraus ergeben sich wiederum die gestörten Beziehungsmuster – zu uns selbst und zu anderen.

In dem Augenblick, wo sich eine Krankheit, das heißt, eine Störung des Ganzen, körperlich manifestiert, konnte der Betreffende keine andere Lösung für sein Problem auf einer psychischen, nicht-stofflichen Ebene zu einem früheren Zeitpunkt finden. Die Manifestation von körperlicher Krankheit ist bereits der Wink mit dem Zaunpfahl, und jede Krankheit ruft laut ihre Botschaft hinaus, damit wir sie hören.

Dies haben Dr. Rüdiger Dahlke und Thorwald Dethlefsen in ihrem Buch »Krankheit als Chance« einleuchtend dargestellt. »Warum sind wir krank? ... weil wir einen Schatten haben, weil dieser Schatten uns unheil macht und weil wir ständig in der Aufforderung stehen, ihn zurückzuerobern, ›ganzer‹ zu werden, bewußter zu werden, ihn zu integrieren, das Fehlende zu suchen.«[70]

Daher ist der Körper unser Helfer, wenn er tiefe Probleme oder chronischen Mangel quasi materialisiert, und sie damit für uns sichtbar und mit den Sinnen erfahrbar macht. Leider ist körperliches Leiden häufig mit denselben Schmerzen verbunden wie das seelische oder psychische.

Wir machen es uns jedoch zu leicht, wenn wir die offensichtlichen Ursachen von Krankheit und Leid aufspüren und uns selbst oder die scheinbaren Ursachen zum Alleinschuldigen stempeln. Dies führt dazu, daß wir Schuldgefühle entwickeln, indem wir uns beispielsweise schuldig fühlen, weil wir destruktiv, depressiv oder voll Bitterkeit waren. Oder wir erliegen dem Irrtum der Allmachtsvorstellung, wir hätten es ganz allein in der Hand, ob wir gesund oder krank sind.

Gerade unter Esoterikern finden sich viele, die eine überhebliche Einstellung zu Krankheit entwickelt haben. Dies mag ja bei einer gewöhnlichen Erkältung noch angehen, aber wenn diese Leute mit schweren Krankheiten konfrontiert sind, die jeden Menschen treffen können, werden auch die eingefleischten Positiv-Denker sehr schnell kleinlaut.

Viele dilettantische New-Age-Philosophen berufen sich auf die hohen spirituellen Schulen, wenn sie deren Lehren in geradezu haarsträubender Weise verzerren und verdrehen. Was liest man nicht alles darüber, daß allein der Geist der Verursacher und auch der Heiler von Krankheit und Not sei! Wenn man das Elend auf der Welt und das Leid, das Menschen ihren Artgenossen und den Tieren zufügen, mit dieser Brille auf der Nase betrachtet, kann man sich in die abenteuerlichsten Hypothesen versteigen. Die gesamte sogenannte Dritte Welt bestünde demnach aus lauter armen Seelen mit einem schlechten

Karma! Jeder Krebs- oder Aidskranke hätte seine Krankheit durch einen unbewußten Todeswunsch »herbeigezüchtet«. Das sind nur ein paar der noch »harmlosen« Sprüche, die man in der Szene hört.

Ken Wilber erklärt diese Fehleinschätzungen mit dem schlimmen Irrtum der falschen Auslegung der »Gottgleichheit«, die nicht im transpersonalen, sondern im präpersonalen narzißtischen und magischen Denken wurzelt. »... Überzeugungen – vor allem die, daß man seine Wirklichkeit selber herstellt –... haben alle Kennzeichen des für narzißtische Persönlichkeitsstörungen typischen infantilen und magischen Weltbildes, insbesondere Größenwahn, Allmachtswahn und Narzißmus. Für mich ist die Vorstellung, daß Gedanken die Wirklichkeit nicht nur beeinflussen, sondern erzeugen, ein direktes Zeugnis unvollständiger Ich-Differenzierung oder verwaschener Ich-Grenzen... Gedanken und Gegenstände sind nicht klar getrennt, und daher können Manipulationen im Denken auf magische Weise die Welt manipulieren.«[71]

Leid und Schmerzen gibt es auf allen Ebenen des Menschseins, angefangen von der körperlichen über die emotionale oder psychische Ebene, bis hin zur geistigen und spirituellen Dimension. Es ist nicht so, daß wir in den spirituellen Bereichen unseres Selbst nicht mehr leiden. Vielmehr ist es so, daß wir dort das Leiden der Menschheit, der Erde und all seiner Geschöpfe so umfassend wahrnehmen und mitfühlen können, daß wir es als tieferen Schmerz empfinden als je zuvor, wenngleich wir aus dieser Dimension auch die Hilfe und die Kraft beziehen, um mit solch intensiven Wahrnehmungen besser umgehen und sie schneller wieder verwandeln zu können als sonst.

Auch spirituelle Meister erkranken an Krebs oder sterben an anderen Krankheiten. Menschen, die viel an ihren psychischen und emotionalen Störungen gearbeitet und ihre Spiritualität entwickelt haben, werden trotzdem krank. Oft scheint es gar, als träfe es häufig jene am schwersten, die zu den liebenswertesten, reifsten und sensibelsten Menschen zählen und zu denen gehören, die das Leben lieben und genießen.

Ein eindrucksvolles Beispiel hierfür gibt Treya Wilber, die selbst an Krebs starb: »Wer Krebs bekommt und dann den Gedanken akzeptiert, daß er selbst die Krankheit herbeigeführt hat, der muß sich ja schuldig oder schlecht vorkommen; jetzt werden diese Gefühle selbst zum Problem und verhindern vielleicht, daß er mit seiner Krankheit fertig wird und weitergehen kann zu Gesundheit oder höherer Lebensqualität. Deshalb muß man bei der Frage der Verantwortung Verstand und Feingefühl walten lassen. Man muß die Ursachen genau auseinanderhalten und darf anderen vor allem keine unbewußten Motive unterschieben. Wenn jemand in der Weise über mich theoretisiert, fühle ich mich mißhandelt und bin manchmal völlig hilflos. Wir alle kennen wohl dieses elende Gefühl, wenn jemand uns irgendein unbewußtes Motiv für unser Handeln unterstellt und dann unsere Proteste als Schutzbehauptungen und folglich als Beweis für die Richtigkeit seiner Einschätzung interpretiert. Psychologie der grausamsten Art.«[72]

Die Haltung, Krankheit zu beurteilen, spiegelt das alte patriarchale Bewußtsein wider. Sicherlich ist es Teil der Auseinandersetzung mit Krankheit und Leid, sich mit den Hintergründen und Ursachen zu beschäftigen. Doch zu einer heilsamen Ausrichtung gehört noch mehr, nämlich zu akzeptieren, daß wir nicht allmächtig sind und jeden Bereich unseres Lebens in der Hand haben. Ob der kranke Körper in diesem Leben noch zu heilen ist, oder ob wir durch die Krankheit heilsame Prozesse auf anderen Ebenen unseres Seins durchleben, die ebenso zu unserer Heilung gehören, liegt nicht immer in unserer Macht.

Das Paradoxe an der alten Einstellung zu Krankheit ist, daß wir ständig an uns arbeiten müssen, um die Ursachen von Krankheit auszumerzen. Wir sind auf der Seite der Macher, anstatt den verschütteten Teil unseres Wesens auszugraben, der wahrscheinlich mehr zu Gesundheit und Heilung beiträgt – das Vertrauen ins Leben. Wenn wir anerkennen können, daß wir nicht die Allmächtigen sind und das Leben immer ein paar Nummern größer ist, als unser menschlicher Verstand erfassen kann, müssen wir nicht ständig etwas machen, um gesünder und heiler zu werden, sondern wir können uns dem anvertrauen, was ist. Ganz von selbst richtet sich unser Fokus plötzlich auf den Zustand, in dem wir uns gerade befinden: Wir leben – und freuen uns daran. Wir sind gesund – und wir sind dankbar für unsere Gesundheit. Wir sehen ein, es liegt nicht nur in unserer Hand, was mit uns geschieht – und werden demütig.

Demut schenkt uns Mitgefühl und inneren Frieden. Wir tun unser Bestes, aber wir können nicht alles. Wir tun unser Bestes, aber wir haben nicht den vollen Überblick. Wir tun unser Bestes, aber wir wissen nicht, was unsere Seele für einen Plan hat und für das Beste hält. Aus dieser Haltung erlangen wir Mitgefühl – für uns und andere. »Wahrhaft das Leben und alle Erfahrungen zu mir nehmen, anstatt nur zu probieren und dann dankend abzulehnen. Annehmen, umfangen, einbeziehen. Alles weibliche Eigenschaften, wie mir auffiel. Hör auf, ein Mann sein zu wollen, und freu dich daran, eine Frau zu werden«,[73] schreibt Treya Wilber.

Diese Sicht ist die unbedingt notwendige Ergänzung der heilsamen Ausrichtung. Vertrauen ins Leben und Mitgefühl gehen Hand in Hand. Sie versetzen uns in den Zustand der Verbundenheit, in dem das »Sein« wohnt, anstatt in der Getrenntheit zu leben, aus der das »Machen« resultiert.

Die westliche Medizin betrachtet den Menschen nicht als ein spirituelles Naturwesen. Wenn wir uns und unsere Mitwelt heilen wollen, müssen wir über die Grenzen unseres alten Bewußtseins hinauswachsen und transpersonal werden. »Durch Ichbezogenheit erlahmen die schöpferischen Kräfte, durch die Erfahrung eines Überpersönlichen in uns selbst entsteht Befreiung, Weitblick. Dem modernen Menschen dagegen, künstlich abgesichert durch Krankenkasse und medizinische Technologie, bieten sich keine erweiterten Sphären an. Daher seine Unruhe, seine Selbstzerstörungstendenzen; ihm fehlt planetare, kosmologische Einbettung.«[74]

Schamanische Heiler geben ein Beispiel für die Gnade der Heilung, die aus dem Zustand der Verbundenheit und des Mitgefühls heraus geschieht. Eine der vielleicht letzten Schamaninnen der kalifornischen Wintu-Indianer, Easter Flower Woman alias Flora Jones, erzählt über ihre Art des Heilens: »Ich spüre die Schmerzen, die Wunden, die Entzündungen. Halte ich meine Hände über den Körper, fühle ich jeden kleinsten Muskel und jede dünne Vene. Ich empfinde Entzündung. Es schmerzt mich. Haben sie (die Patienten; Anm. d. Verf.) Herzstörungen, schlägt mein Herz schneller. Wo es ihnen weh tut, tut es auch mir weh. Ich werde Teil ihres Körpers.«[75]

Indem der schamanische Heiler die Krankheit in sich selbst erfährt und überwindet, heilt er sie später im Patienten. »Der Schamane ist immun gegen jene Krankheiten, die er zu heilen versteht – wie logisch eigentlich und doch uns so fremd.«[76]

Heilung ist in der schamanischen Tradition zunächst immer eine Selbstheilung, welche wiederum ein Transformationsprozeß hin zu einem erweiterten Bewußtsein ist. Diese Transformation schließt die Rückverbindung mit der spirituellen Dimension, die Harmonisierung des sozialen Umfelds und die Berücksichtigung der natürlichen Kräfte des menschlichen Lebensraums – der Natur und der Erde – mit ein.

In der Astrologie bilden die Zeichen Fische und Jungfrau die Achse, die Krankheit, Leiden, Spaltung, Ganzheit, Heilung und Liebe umfaßt. In der patriarchalen Weltsicht wurde das Zeichen Jungfrau zur Dienerin, zur Magd, die sich plagt und abmüht, und dabei immer schön bescheiden bleibt und ihren Mangel erduldet. Die Jungfrau wurde zum Sozialarbeiter, zum Mediziner, zum Psychologen und zum Helfer im allgemeinen.

Die Fische als Gegenpol mußten für den Ausgleich herhalten. Sie repräsentieren die Weltflucht (vor der grauen, öden Realtiät der Jungfrau), die Erlösung im jenseitigen Reich Neptuns, in dem das Heil zu finden ist, das uns hier unten niemals zuteil werden kann.

Die Natur der Jungfrau ist Sparsamkeit, nüchternes Kalkulieren und Analysieren. Obwohl diese Charakterisierungen nur ein kleiner Ausschnitt aus der Palette der Jungfrau- und Fische-Symbolik sind, genügen sie, um aufzuzeigen, wie sehr das astrologische Denken mit der vorherrschenden Denkungsart übereinstimmt. Die Kehrseite des Mangeldenkens (*Jungfrau*) ist süchtiges Verhalten (*Fische*), wozu Konsumzwang, Drogenkonsum, Realitätsflucht und Erlösungsphantasien gehören. Der Glauben an den Mangel bringt die Gier, ein Aspekt von Sucht, hervor, aus Angst, es könne nicht genug für einen da sein. So pendelt die moderne Konsumgesellschaft zwischen den unerlösten Polen Jungfrau und Fische hin und her.

Lynn Andrews sagt: »Wir haben in einem Patriarchat gelebt, und diese lineare Lebensweise hat uns schrecklich aus dem Gleichgewicht gebracht. Wenn wir davon sprechen, das Gleichgewicht auf der Erde wiederherzustellen, sprechen wir von dem fehlenden Element, nämlich dem weiblichen Bewußtsein. Damit will ich nicht sagen, daß die Frau besser ist als der Mann. Ich beziehe mich damit vielmehr auf einen Teil unseres inneren Selbst. Ich glaube ganz einfach, es ist ein Teil unserer Aufgabe hier, die Harmonie auf der Erde wiederherzustellen. Vielleicht ist dies das höchste Ziel des Heilens.«[77]

Vielfach trifft es daher auch zu, daß Menschen ihre Jungfrau- oder Fische-Anteile in bester patriarchaler Tradition leben. Die wahre Bedeutung von den Zeichen Jungfrau und Fische wurde verfälscht, und es ist an der Zeit, sie von den vielen Masken zu befreien, die ihnen übergestülpt wurden.

Die Achse Jungfrau-Fische ist diejenige, die ganz unmittelbar mit Heilung zu tun hat – mit der Heilung der Menschen und der Erde (Jungfrau und Erde), die nur in Verbindung mit der Entwicklung von Liebe und Mitgefühl geschieht, die wiederum aus der spirituellen Dimension der Seele fließen (Fische und Neptun). Rosalyn Bruyère erklärt: »Heilung entsteht aus Mitgefühl.«[78]

Aus einem der drei buddhistischen Hauptpfade oder »Fahrzeuge«, dem Mahayana, stammt eine wunderbare Übung für das Mitgefühl, das »Tonglen«. Bei dieser Meditation nimmt der Praktizierende das Leid eines anderen Menschen oder eines Ortes auf der Erde als schwarze Wolke in sein Herz auf und sendet beim Ausatmen Gesundheit, Liebe und Licht dorthin aus. Nach und nach kann man die ganze Erde in die Meditation einbeziehen und nimmt alles Leid in sich auf und sendet dafür Liebe, Güte und Erbarmen zurück.

Viele Menschen schrecken vor dieser Übung zurück, weil sie Angst haben, Negativität und Krankheit in sich aufzunehmen. Ken Wilber beschreibt eine Erfahrung, die er bei einem Retreat von Kalu Rinpoche zu dieser Praxis machte: »Wir waren bereit zu üben, um unsere eigene Erleuchtung zu finden, um unser eigenes Leiden zu vermindern – aber das Leiden anderer auf uns zu nehmen, und sei es auch nur in der Imagination? Kommt überhaupt nicht in Frage. Und genau dazu ist Tonglen da: das Besorgtsein um das eigene Ich, das Hätscheln und Verteidigen des eigenen Ich zu untergraben. Tonglen setzt das andere an die Stelle des Ich... Es geht hier nicht um wohlfeiles Mitgefühl für die Leiden anderer, sondern um die Bereitschaft, dieses

Leid selbst auf uns zu nehmen, damit die anderen davon frei werden.»[79]

Durch die Übung des Tonglen wird niemand krank oder von Negativität »vergiftet«. Vielmehr überwindet man die Distanz zum Leiden, sei es das eigene oder das anderer. Das Leid verwandelt sich durch die Bereitschaft, es in sich aufzunehmen und dann loszulassen. Das Tonglen hilft, die egoistische Nabelschau und das Selbstmitleid zu überwinden. Es führt zur transpersonalen Verbundenheit, aus der heraus wir unseren Beitrag leisten können, indem wir nicht in unserem eigenen Morast versinken und im eigenen Leid stagnieren. »... Solange wir die Leiden anderer nicht auf uns nehmen mögen, sind wir in unser eigenes Ich und damit in unser eigenes Leiden eingesperrt.«[80]

An dieser Stelle möchte ich darauf hinweisen, daß die Tonglen-Übung nichts mit dem »Helfersyndrom« oder der »Opferrolle« gemeinsam hat, von der die Psychologie spricht. Es geht nicht darum, die Last und die Verantwortung anderer zu tragen oder sich – wie Atlas – das Elend der Welt auf die eigenen Schultern zu laden. Bitte durchdenken Sie die hier dargelegten Gedankengänge sehr genau, um nichts mißzuverstehen. Der zentrale Gedanke in diesem Kapitel ist die Wiedererlangung der Verbundenheit, in der wir Mitgefühl und Liebe entwickeln.

Das Elend auf der Welt läßt sich nicht »wegzaubern«, auch wenn wir es uns noch so sehr wünschen. Seit Jahrtausenden gibt es immer wieder mächtige spirituelle Lehrer und Heiler auf Erden, die wahre Wunder vollbringen konnten, und keiner von ihnen hat das Leid abgeschafft. Warum wohl hatte keiner von ihnen einen Zauber, mit dem er die Erde in ein Paradies verwandeln konnte? Vielleicht, weil das Heil und das Paradies nur in unserem Herzen entstehen können? Nur, wenn wir es dort finden, kann sich durch unser Heil-Sein das heile Sein in der Welt manifestieren. Die Zustände auf der Erde gestalten sich aus dem So-Sein des Menschen heraus.

Die narzißtischen Interpretationen, die auf vielen New-Age-Seminaren verbreiten, »daß Krebs allein durch unterschwelligen Groll ausgelöst wird; die lehren, daß Armut und Unterdrückung selbstgemacht sind, ... haben vielleicht gute Absichten, aber sie sind in meinen Augen trotzdem gefährlich, weil sie von den realen Faktoren – zum Beispiel von den physischen, umweltbedingten, rechtlichen, moralischen und sozioökonomischen Zusammenhängen – ablenken, von den Gebieten also, auf denen so dringend etwas geschehen müßte.«[81]

Durch den eigenen Prozeß der Transformation und der Entwicklung eines reifen Bewußtseins, das die narzißtischen Allmachtsvorstellungen des Egos transzendiert, durch die Erweiterung und Öffnung für das Sein, das zu einem Sich-anvertrauen führt, werden wir zum Heiler in dem Sinne, daß wir ein mitfühlender, liebevoller und damit heilsamer Mensch werden. Auf diese Weise können wir unsere eigene Heilung und die der Welt beeinflussen und durch unseren Beitrag die Bedingungen auf der Erde mitgestalten. So wie wir nicht der allmächtige Schöpfer sind, sind wir es auch nicht allein, die Heilung bewirken. Vielmehr können wir das Unsere tun, um einen heilen Gesamtzustand herstellen zu helfen.

Diese Vorstellung gibt es auch bei den Buschmännern Südwestafrikas, bei denen Heilung »physische, psychische, soziale, spirituelle und kosmische Integration«[82] bedeutet. Das wichtigste Ereignis in ihrer Heiltradition ist der nächtliche Trancetanz, an dem das ganze Dorf teilnimmt. Jeder kann in dieser Tradition ein Heiler werden, und umso mehr Heiler es gibt, desto besser ist es für das Wohl der Gemeinschaft.

Die Vielfalt auf Erden ist die Auffächerung des All-einen, dessen schöpferische Energie sich hier manifestiert. Daher ist das All-eine immer auch in der Vielfalt enthalten, so wie wir sie wahrnehmen. Die Wahrheit – und das bedeutet, die nicht aufgefächerte Wahrnehmung – ist, daß All-einheit und Vielfalt eins sind, ohne identisch zu sein. Am Ende dieses Kapitels finden Sie eine Hymne an die Große Göttin, die dieses Phänomen verdeutlicht (siehe Seite 112).

Sicherlich kommen wir durch diese Betrachtungsweise dahin, die Einstellung der Kulturen, die sich die westlichen, patriarchalen Gelehrten als primitiv zu bezeichnen angemaßt haben, wieder anzuerkennen, wie zum Beispiel, daß wir durch Selbstheilung zum Heiler werden, und je mehr Heiler wir haben, desto positiver wirkt sich dies auf unsere Mitwelt aus.

Elisabeth Kübler-Ross weist ausdrücklich auf den kollektiven

Faktor der Heilung hin: »Heilung findet nicht nur auf einer individuellen Ebene statt. Da jeder einzelne Mensch durch ein riesiges Netzwerk von Beziehungen mit unzähligen anderen Menschen und Lebewesen auf diesem Planeten verbunden ist, hat sogar der Heilungsprozeß eines einzigen Menschen weitreichende Auswirkungen.«[83]

Vergessen wir auch nicht, daß *Gnade,* dieses geheimnisvolle Geschenk des Göttlichen an den Menschen, der entscheidende Faktor bei jeder Heilung ist. Gnade können wir im Reich der *Fische* ansiedeln. Der Sinn der Gnade offenbart sich uns in ihrer stofflichen Manifestation in der Heilung des Menschen und seines Körpers (*Jungfrau*).

Auch Shakti Gawain beschreibt den Jungfrau-Fische (*Erde-Neptun*)-Heilprozeß sehr treffend: »Eine interessante Wendung, die sich im Heilen abzeichnet, hat damit zu tun, daß wir zulassen, daß die Erde selbst zu unserem Lehrer und Heiler wird. In alten Traditionen waren die Erde und die natürlichen Elemente unsere Lehrmeister. In jüngerer Zeit haben wir der Weisheit der Erde den Rücken gekehrt.... Wenn wir... beginnen, wieder auf die Erde zu hören, werden wir entdecken, daß sie uns lehrt, wie wir gesund, harmonisch und integriert leben können.«[84]

Die Erde besitzt die Weisheit, uns zu lehren und uns alles zur Verfügung zu stellen, was zur Heilung *notwendig* ist. Sie allein ist der eine Part in dem Spiel der Schöpfung, Menschliches und Göttliches wieder zu vereinen, indem wir den Prozeß des Heilwerdens durchleben. Dieser Prozeß findet in der Achse Jungfrau-Fische seinen Ausdruck, und *Erde* und *Neptun* sind die Idealbesetzung für die dafür vorgesehenen Rollen.

Wer Einfühlsamkeit in die astrologische Symbolsprache besitzt, wird an dieser Stelle bereits tief nachempfinden können, welch wichtige Bedeutung und welche Transformation die Achse Jungfrau-Fische erfährt, wenn wir der Jungfrau die *Erde* als Herrscherin zuordnen. Wenn man die Planeten als die Akteure betrachtet, die ein bestimmtes Energiepotential in Fluß bringen und manifestieren, ist die Erde doch viel eher Neptuns ebenbürtige Partnerin im Heilprozeß als Merkur.

So sympathisch mir Merkur, der geflügelte Götterbote, auch ist, scheint er mir für die Rolle des einen Partners beim Heilen doch die falsche Besetzung zu sein. Und wie ich bereits an früherer Stelle erwähnt habe, gehörte die um den Äskulapstab der Ärzte gewickelte Schlange, die man auf Hermes/Merkur zurückführt, ursprünglich zur Göttin Isis. Merkur ist der Gegenpol und die Ergänzung von Jupiter und teilt sich mit ihm die Achse Zwillinge-Schütze. Innerhalb dieses Themas erfüllt er seine Aufgabe vollkommen und seinem Wesen gemäß.

Für mich ist die Erde der wahre diesseitige, stoffliche Heiler. Nicht umsonst finden wir ja auch in der Natur eine reichbestückte Apotheke an irdischen Heilmitteln. Schamanen benutzen bei ihren Heilritualen irdische Requisiten wie Federn, Knochen, Edelsteine, Kürbisrasseln (Erde) und vieles mehr, und gleichzeitig begeben sie sich in die spirituelle Welt der Geister (Neptun), um ihre Unterstützung beim Heilen zu erwirken. Wenn wir die Gaben von Mutter Erde in der richtigen, ganzheitlichen Weise benutzen, bewirken sie in Verbindung mit der spirituellen Energie, der Liebe und dem Mitgefühl Neptuns Heilung in ihrem wahren Sinn.

Heilung ist das Thema der Menschen, für das sich der Planet Erde zur Verfügung gestellt hat. Neptun ist unsere seelische Heimat, unsere spirituelle Quelle, die Erde unsere körperliche und stoffliche. Wie eng diese beiden Pole miteinander verbunden sind, zeigt sich in der Sehnsucht nach der Rückverbindung, die Menschen seit Urzeiten mit dem Göttlichen und dem Spirituellen suchen.

Es scheint, als hinge die Heilung des Menschen heute mehr denn je mit der Heilung der Erde zusammen. Wenn unsere natürliche Umwelt und damit unsere Nahrung vergiftet ist, belasten wir unseren eigenen Organismus. Aber das ist nur der offensichtlichste und am leichtesten nachvollziehbare Zusammenhang. »Der eine Geist, sagen die spirituellen Überlieferungen, ist weder im Himmel noch in der Erde, sondern im Herzen. Das Herz war schon immer der Punkt, in dem Himmel und Erde sich vereinigen, in dem der Himmel geerdet und die Erde erhoben wird. Der Himmel allein und die Erde allein können den Geist nicht fassen; nur die Einheit der beiden im Herzen führt zu der Tür, durch die man über Schmerz und Tod hinausgelangt.«[85]

Es gibt eine wunderschöne Meditation, bei der wir uns als

Bindeglied zwischen Himmel und Erde, zwischen geistiger und stofflicher Welt wahrnehmen können:

Verneigen Sie sich tief zum Boden und sprechen Sie folgenden Satz:

Ich bringe den Himmel auf die Erde.

Beugen Sie sich in der entgegengesetzten Richtung nach hinten zurück und heben Sie die Arme gen Himmel. Sprechen Sie dabei folgenden Satz:

Ich bringe die Erde zum Himmel.

In dieser Auf- und Abbewegung geschieht es, daß man plötzlich die Position des Menschen spürt, der die Verbindung in beide Richtungen herstellen kann.

Die Erde ist unser Lebensraum und damit untrennbar mit unserem Leben verbunden. Leben ist in dem Stadium der Evolution, die das menschliche Bewußtsein erreicht hat, viel mehr als Überleben. Leben ist die Entfaltung unseres So-Seins, die Entwicklung unseres Potentials, die Umsetzung unserer kreativen Impulse in wahrnehmbare Schöpfungen. All dies ist Ausdruck der schöpferischen Energie des Universums, die wir »Liebe« genannt haben.

Es gibt nicht wenige Menschen, die die Erde als »Jammertal« bezeichnen oder als eine Durchgangsstation auf der seelischen Reise, die nur dazu da ist, das Karma vieler leidvoller Inkarnationen zu erledigen, um endlich dem Kreislauf der Wiedergeburten als Mensch zu entrinnen, und in einem (falsch verstandenen) Nirwana aufzulösen. »Es gibt nichts Tödlicheres als das Nirwana. Eure christlichen Vorstellungen vermitteln euch wenigstens noch eine schummrige Hoffnung auf ein Paradies, in dem eure Individualität zumindest noch zum Ausdruck kommen kann, doch das Nirwana kennt keinen solchen Trost. Es verspricht euch vielmehr die Auslöschung eurer Persönlichkeit und eine Seligkeit, die die Integrität eures Wesens zerstört. Vor solcher Seligkeit kann man nur fliehen.«[86]

In Ost und West herrscht der sicher noch immer unbewußte Konsensus, das menschliche Leben und die Erde seien kein erstrebenswerter Zustand und kein einladender Ort, um dort länger als nötig zu verweilen.

Viele halten es für besser, die Erde zu verlassen und ihren Menschenkörper aufzugeben, obwohl sie gar nicht genau wissen, was sie danach erwartet. Es ist eine der vielen menschlichen Illusionen, die aus dem alten Bewußtsein resultieren, das Heil immer im Jenseits zu suchen, wie auch immer dies verstanden wird. Das kollektive Bewußtseinsfeld, aus dem die Einstellung des einzelnen gespeist wurde, diktierte die Flucht vor dem Hier und Jetzt. Das Heil und die Erlösung erwarteten uns stets anderswo.

Auch dieser Glaube führte zu dem Irrweg, am falschen Ort zu suchen, und verhinderte, daß sich das Heil hier auf diesem Planeten und in diesem menschlichen Körper manifestieren kann. Das neue Bewußtsein wird hoffentlich unseren Horizont erweitern, so daß wir die Liebe in der irdischen Schöpfung erkennen und endlich das irdische Leben, die stoffliche Erde und unseren physischen Körper lieben lernen.

Die spirituelle Tradition lehrt uns seit Jahrtausenden, daß es einzig und allein das Jetzt gibt. Die Vergangenheit ist nicht mehr und die Zukunft ist noch nicht. Nur das Jetzt *ist*. Alle Realitäten existieren gleichzeitig. *Sein* und *Tun* gibt es daher immer nur in diesem einen Augenblick. Jetzt in diesem einen Augenblick leben wir auch in einem menschlichen Körper auf dem Planeten Erde. Das gesamte Spektrum des »Irgendwo« und »Anderswo« ist nur in diesem einen Punkt enthalten, hier und jetzt in diesem menschlichen Körper in dieser Inkarnation auf der Erde. Das ist der Brennpunkt, durch den sich alles, was ist, kanalisieren kann, wenn wir es zulassen.

Das Tun ist der männliche, das Sein der weibliche Pol. Wenn die beiden Energien in Harmonie sind, können wir unseren heilsamen Beitrag zum Leben leisten. Die männliche Energie handelt, um das Leben zu schützen. »Ja, wir waren verschieden, so, wie es vielleicht typisch ist für Männer und Frauen; wir waren nicht ganz und jeder sich selbst genug, sondern Halb-Menschen – einer mehr Himmel, einer mehr Erde – und genauso sollte es sein.«[87]

Dasselbe gilt für die männlichen und weiblichen Energien in jedem von uns, egal ob wir männlichen oder weiblichen Geschlechts sind. Auch hier geht es um die Vereinigung von Himmel und Erde, indem wir das Notwendige (Jungfrau) tun, damit sich das schöpferische Bewußtsein (Neptun) im Sein entfalten kann. Diese Vereinigung bringt uns in unser Herz und in die Liebe. In dieser harmonischen Ausrichtung sind wir heil und heilsam zugleich.

Hymne an die Große Göttin
Devi-Mahatmya

That power who is defined as Consciousness in all beings,
reverence to Her, reverence to Her, reverence to Her,
reverence, reverence.
(Die Kraft, die als Bewußtsein aller Lebewesen bezeichnet wird,
Ehre sei Ihr (gemeint ist die Große Göttin; Anm. d. Verf.)...)
That power who is known as Reason in all beings,
reverence to Her,...
(Die Kraft, die als die Vernunft aller Lebewesen bekannt ist...)
That power who exists in all beings in the form of Sleep,
reverence to Her,...
(Die Kraft, die in allen Lebewesen in Form des Schlafs ruht...)
That power who exists in all beings as Hunger,
reverence to Her,...
(Die Kraft, die in allen Lebewesen als Hunger vorhanden ist...)
That power who exists in all beings as Shadow,
reverence to Her,...
(Die Kraft, die in allen Lebewesen als Schatten vorhanden ist...)
That power who exists in all beings in the form of Thirst,
reverence to Her,...
Die Kraft, die in allen Lebewesen in Form von Durst vorhanden ist...)
That power who exists in all beings as Forgiveness,
reverence to Her,...
(Die Kraft, die in allen Menschen als Vergebung vorhanden ist...)
That power who exists in all beings in the form of Species,
reverence to Her,...
(Die Kraft, die in allen Lebewesen in Form ihrer Spezies existiert...)
That power who exists in all beings as Bashfulness,
reverence to Her,...
(Die Kraft, die in allen Menschen als Schüchternheit vorhanden ist...)

That power who exists in all beings as Peace,
reverence to Her, . . .
(Die Kraft, die in allen Menschen als Friede vorhanden ist...)
That power who exists in all beings in the form of Faith,
reverence to Her, . . .
(Die Kraft, die in allen Menschen als Vertrauen wohnt...)
That power who exists in all beings as Loveliness,
reverence to Her, . . .
(Die Kraft, die in allen Menschen als Lieblichkeit wohnt...)
That power who exists in all beings as Fortune,
reverence to Her, . . .
(Die Kraft, die in allen Menschen als Erfolg zum Ausdruck kommt...)
That power who exists in all beings as Vocation,
reverence to Her, . . .
(Die Kraft, die sich als innere Berufung der Menschen manifestiert...)
That power who exists in all beings in the form of Memory,
reverence to Her, . . .
(Die Kraft, die sich im Gedächtnis aller Menschen manifestiert...)
That power who exists in all beings as Compassion,
reverence to Her, . . .
(Die Kraft, die sich in allen Menschen als Mitgefühl manifestiert...)
That power who exists in all beings as Fulfilment,
reverence to Her, . . .
(Die Kraft, die sich in allen Menschen als Erfüllung manifestiert...)
That power who exists in all beings as Mother,
reverence to Her, . . .
(Die Kraft, die in allen Menschen in Gestalt der Großen Mutter wohnt...)
That power who exists in all beings in the form of Illusion,
reverence to Her, . . .[88]
(Die Kraft, die in allen Menschen die Form der Illusion annimmt...)

Achtes Kapitel

Die Erde in den zwölf Tierkreiszeichen

Sicherlich ist es kein leichter Schritt und erfordert ein gewisses Maß an grenzüberschreitender, uranischer Offenheit, die Erde ebenso wie die bisher in der Astrologie verwendeten zehn Planeten zu behandeln und ihren Stand in dem jeweiligen Tierkreiszeichen zu deuten.

Auch hier ist die Intuition das beste, uns zur Verfügung stehende Potential, um Zugang zur »Erde in uns« zu bekommen. Wir können spüren, was sich in unserem Inneren regt, welche Kräfte aufwachen und lebendig werden, wenn wir uns mit dem Planeten Erde in uns beschäftigen. Wir können auf unsere innere Stimme lauschen, welche Botschaften sie uns über diesen Wesensanteil übermittelt. Und wir können wahrnehmen, welche inneren Bilder vor unserem geistigen Auge aufsteigen, wenn wir an die Erde als einem Teil von uns selbst denken.

Wir können einen Edelstein als Symbol für unsere Erde auswählen und mit ihm kommunizieren. All dies sind Möglichkeiten, unsere Intuition zu öffnen, damit sie uns das Wissen und die Weisheit unseres Höheren Selbst oder des kosmischen Bewußtseins zugänglich machen kann. Eine Übung hierzu finden Sie im Anhang (Siehe die Phantasiereise auf Seite 197). »Benutze immer deine Intuition – du kannst ein Problem niemals auf der Ebene lösen, auf der es geboren ist.«[89]

Wenn wir die Erde in den einzelnen Tierkreiszeichen deuten, sollten wir uns bewußt machen, daß unsere Seele ursprünglich nicht von diesem Planeten stammt. Wir sind ebenso wie Außerirdische auf diesem Planeten gelandet, indem sich die Schöpfung die Erde gewählt hat, um das Wesen Mensch zu erschaffen und seine Seele in viele menschliche Gewänder, seine verschiedenen Inkarnationen, zu kleiden.

Die Erde gehört ebenso zu dem Schauspielerensemble wie die anderen zehn Planeten.[90] Doch wie Isis war sie bisher hinter einem Schleier verborgen und durfte sich nicht aktiv an der Aufführung beteiligen. Dennoch spielte sie, die Unsichtbare, schon immer eine tragende Rolle in unserem Stück.

Da wir die Erde, in der verhüllten Gestalt der »Wilden Frau«, aus unserem Bewußtsein verdrängt hatten, führte sie ein Schattendasein. Sie war der Schatten, der uns – aus Unkenntnis und Unbewußtheit der wilden Urmutter – ängstlich machte und verschreckte. Ihr Fehlen machte uns zu konsumhungrigen Kindern (Mond), die eimerweise Liebesersatz, zum Beispiel in Form von Drogen aller Art (Neptun) und zwanghafter, besessener Sexualität und perverser Machtgier (Pluto) in sich hineinschütten und doch niemals satt davon werden.

Ihr Fehlen raubte uns das Vertrauen ins Leben, so daß wir unsere Herzen mit Stacheldraht umzäunt haben (Saturn) und uns doch niemals sicher und geborgen fühlen. Ihr Fehlen ließ uns beim anderen Geschlecht (Venus und Mars) die Fürsorglichkeit und das Zuhause suchen, das uns nur die Erde schenken kann und nicht der Mond, der Saturn, der Mars und die Venus, wie wir irrtümlich glaubten. Weil wir die Erde vergessen haben, suchten wir am falschen Ort und landeten bei der verkehrten Adresse.

Mutter Erde ist die wahre Große Mutter, die uns mit all den Geschenken und Schätzen, die eine Mutter besitzt, beschenken und unseren Mangel stillen kann. Die Große oder Wilde Mutter ist die Medizinfrau, die wir alle seit unendlich langer Zeit entbehren. Wenn wir die Erde in uns wiederentdecken, befinden wir uns auf dem Weg zur Urmutter, zur Heilerin und Wolfsfrau, wie Clarissa Estés diesen Aspekt des Weiblichen nennt, der allein uns mit unserer Urheimat und unserer übersinnlichen Instinktnatur rückverbinden kann, so daß wir uns vertrauensvoll hingeben, dem Fluß des Lebens anvertrauen und aus der Quelle der tiefsten Weisheit schöpfen können.

»Werde eine Frau. In deiner Welt ist das Weibliche verschollen«,[91] sagt die Medizinfrau Agnes Whistling Elk. Auch in der Astrologie ist das Weibliche in Gestalt der weisen Urmutter verschollen. »Fühle in dir die Macht der Frau, der Mutter. Du bist die Mutter Erde selbst.«[92]

Mutter Erde – die Erde in uns selbst!

Fragen, mit denen wir die Erde in uns erspüren können:

- Wie erlebe ich den Schatten meiner bisherigen Ich-Wahrnehmung?
- Auf welche Weise spüre ich die Kraft der kosmischen Urmutter in mir?
- Wie macht sich die »wilde Frau« in mir bemerkbar?
- Wie will sich die Priesterin, die Medizinfrau, der Schamane und der Heiler in mir ausdrücken?
- Wie begegne ich der Wildheit und der Wildnatur in mir und in der Welt?
- Wie erlebe ich meine Verbundenheit?
- Wie lebe ich Mitgefühl mit allen irdischen Lebensformen?
- Wie äußert sich mein Drang, das Stoffliche und mein physisches Sein zu beseelen und zu erwecken?
- Wie sorge ich für Genährtsein, Schutz und Geborgenheit?
- Wie erfahre ich meine weibliche Macht, Leben zu spenden und zu erhalten?
- Wie bin ich in Kontakt mit meinen »Urinstinkten«?
- Wie sieht die kosmische Urmutter in meiner Vorstellung aus?
- Welche Bilder von meiner Wilden Schwester steigen in mir auf?
- Welche Kräfte und Fähigkeiten verdanke ich der Urmutter?
- Welche Kräfte und Fähigkeiten verdanke ich der Wilden Schwester?
- Welche Tiere begleiten meine Wilde Schwester und meine Urmutter?

Ein Bär, ein Wolf, ein Tiger, ein Löwe, ein Panther, eine Katze, ein Adler, ein Schwan, eine Eule, ein Wal, ein Delphin, ein Hirsch, ein Wildschwein, ein Pferd oder irgendein anderes Tier?

Erde im Widder

Das Feuerzeichen Widder verleiht der ursprünglichen, weiblichen Seite in mir marsische Kraft, die ich zur Selbstbehauptung und zur Durchsetzung meines Willens nutze. Die emporschießende Flamme der Widder-Energie ist mein ausgleichendes Element, das mich in meine Mitte bringt und mich heil und ganz macht.

Das erlöste Weibliche in mir macht mich zu einem Pionier, der mutig und heldenhaft ist und den anderen im Handeln immer ein wenig vorauseilt.

Der Erde-Teil meines Wesens macht mich impulsiv, spontan und für andere manchmal unberechenbar. Ich springe übermütig dorthin, wo mich meine augenblickliche Aufgabe ruft. Warten kann und will ich nicht, denn jemand muß die Initiative ergreifen – und zwar jetzt!

Ich repräsentiere die Erde im Aufbruch – den Aufbruch der neuen Kräfte und den Lebensimpuls, der wie eine unerschöpfliche Energiequelle in mir sprudelt und mich mein Leben lang aktiv und vital erhält.

Wo immer ich bin und worum es auch geht, ich mache stets den Anfang!

Lied der Widder-Erde

Wie die ersten grünen Halme
breche ich kraftvoll aus der harten Erde
und sprenge die Schalen,
die den Lebenstrieb umhüllen.
Ich zünde die Startraketen für deinen
Aufbruch in die erwachende Welt.
Ich entfessle deine schlummernden Kräfte
und bahne ihnen den Weg ans Licht.
Sei du selbst,
und laß die Zukunft nicht auf dich warten!

Widder-Erde – Waage-Sonne

Ich bin die Erde, die sich öffnet.
Ich schleudere meine Kräfte aus mir heraus wie ein ausbrechender Vulkan.
Um meine neuen Schöpfungen hervorzubringen, kann ich keine Rücksicht nehmen.
Ich gehöre zum Stamm der *Krieger.*
Ich kämpfe, damit Energie kanalisiert werden kann und nicht blockiert wird und ins Stocken gerät.
Ich verhindere Stillstand und schaffe Wachstum.
Ich heile durch Initiative und Aktivität.
Ich werde heil durch die Rückbesinnung auf meine einmalige, ursprüngliche Kraft.
Ich erlange meine Macht zurück, indem ich mich auf meine Fähigkeit zu kämpfen besinne.
Ich kämpfe für meine Indivdualität, meine Freiheit im Handeln, für den Aufbruch zu neuen Ufern.
Ich gehe mit meinem So-Sein voraus.
Allein.

Mein Licht bin *Ich.*

Du bist mein Schatten.

Dich hebe ich ins Licht, ins Bewußtsein.
Wer bin ich ohne dich?
Wer bist du ohne mich?
Ohne dich fließen meine ausbrechenden Kräfte ins Leere.
Ohne dich ist der Kampf um meine individuelle Schöpfung sinnlos.
Du bist mein Ziel.
Ich bewege mich auf *Dich* zu,
bis *wir* uns in der Mitte, im neuen Dritten treffen.
Gemeinsam!
Ich bin die Erd-Frau,
die *Dich* zur Welt bringt.
Ohne mich gäbe es dich nicht.
Ohne dich könnte ich nicht gebären.
Das ist meine Aufgabe, an der ich lerne, wachse und heile.

Erde im Stier

Das Erdzeichen Stier verleiht der ursprünglichen, weiblichen Seite in mir erdverbundene venusische Kraft, die ich zur Entfaltung der Fruchtbarkeit meines Lebens nutze. Die Früchte der Erde und die kostbaren Schätze der physischen Welt des Stiers sind mein ausgleichendes Element, das mich in meine Mitte bringt und mich heil und ganz macht.

Das erlöste Weibliche in mir macht mich zu einem Lebenskünstler und Baumeister, der mit Freude, Liebe und Beständigkeit sein Land bestellt und mit seinem irdischen Reich dem himmlischen nacheifert. Hier empfange ich die Menschen mit Offenheit und Großzügigkeit im Geben.

Der Erde-Teil meines Wesens macht mich produktiv, lebensfroh, sinnlich und genießerisch. Was ich mir einmal geschaffen und in Besitz genommen habe, hege und pflege ich voller Inbrunst.

Meine materiellen und ideellen Werte verteidige ich gegen jeden Angriff. Wer meine Ruhe und Ordung stört, lernt meine wilde Seite kennen, den Kämpfer in mir, der alles auf die Hörner nimmt, was sich ihm in den Weg stellen will.

Ich repräsentiere die Erde in ihrer irdischen Fülle und Sattheit – das Wachstum des Lebens, dessen enorme Energie in mir pulsiert und mich mein Leben lang schöpferisch macht.

Was ich auch anfasse, ich bringe es stets in eine vollendete Form!

Lied der Stier-Erde

Ich bin die prächtige Göttin,
die einen bunten Blütenteppich auf deine Wiese zaubert.
Leg dich darauf,
und laß deine Seele aufsteigen
wie einen Drachen,
damit ich mit dir tanzen kann.
Alle Herrlichkeit der Erde
und die Wunder der Schöpfung
breite ich vor dir aus.
Ich gebe dir Nahrung und Schutz,
damit du aufblühen kannst.
Segne die Erde mit Freude,
und schmücke die Welt mit neuen Kleidern!

Stier-Erde – Skorpion-Sonne

Ich bin die Erde, die aufblüht.
Ich gieße meine Kräfte in irdische Formen.
Um meine neuen Schöpfungen hervorzubringen, brauche ich die liebevolle, schützende Hand einer Künstlerin.
Ich gehöre zum Stamm der *Schamanen.*
Ich bändige die wilde Urgewalt, damit sich ihre Energie manifestieren kann, konkrete Gestalt annimmt, Früchte trägt und sich in irdischen Gestaltungen vermehrt.
Ich verhindere Verzehrung und schaffe lebbare Fülle.
Ich heile durch geschützes Wachstum.
Ich werde heil durch das Nähren der aufkeimenden Schöpfung.
Ich erlange meine Macht zurück, indem ich mich auf meine Fähigkeit zu nähren besinne.
Ich verwurzele und nähre meine Keimlinge, um die Welt mit meinen Früchten zu beschenken.
Ich nähre mit meinem So-Sein.

Mein Licht ist *die aufblühende Form.*
Die Verwandlung der Form ist mein Schatten.

Die Verwandlung der Form hebe ich ins Licht, ins Bewußtsein.
Wer bin ich ohne das verwandelte Formlose?
Was ist das verwandelte Formlose ohne mich?
Ohne es erstarren meine Kräfte in der irdischen Form.
Ohne es ist die Gestaltung der Welt sinnlos.
Die Transformation ist mein Ziel.
Ich bewege mich darauf zu,
bis wir uns in der Mitte, im neuen Dritten treffen.
Stirb und werde!
Ich bin die Erd-Frau,
die *das verwandelte Ungeformte* gestaltet.
Ohne mich gäbe es keine sichtbare Form.
Ohne das verwandelte Ungeformte könnte ich keine neuen Formen erschaffen, die ich dann für eine gewisse Zeit besitze.
Das ist meine Aufgabe, an der ich lerne, wachse und heile.

Erde in den Zwillingen

Das Luftzeichen Zwillinge verleiht der ursprünglichen, weiblichen Seite in mir das merkurische Element, das ich nutze, um meine Neugierde und meinen Durst nach Erfahrungen zu stillen. Die Leichtigkeit, Offenheit und Ungebundenheit der Zwillinge-Energie ist mein ausgleichendes Element, das mich in meine Mitte bringt und mich heil und ganz macht.

Das erlöste Weibliche in mir macht mich zu einem findigen Entdecker, der die Vielfalt und die Vielseitigkeit des Lebens wahrnimmt und die unterschiedlichen Eindrücke in sich speichert. Mit einem beeindruckenden Improvisationstalent gebe ich meine Erfahrungen an andere weiter und serviere sie wie bunte Appetithappen auf einem Silbertablett.

Der Erde-Teil meines Wesens macht mich flexibel und gewandt in meinem Selbstausdruck. Ich begegne jeder Erfahrung als einer Station auf meiner Reise, ohne daß ich an ihr festhalten muß. Ich weiß, sie ist da, und ich kann jederzeit zu ihr zurückkehren und auf sie zurückgreifen. Ich eigne mir die unzähligen Facetten der Welt an, ohne mich für eine einzige zu entscheiden, denn mein Weg durchs Leben ist ein weitverzweigtes, flächendeckendes Autobahnnetz.

Ich repräsentiere die Erde in ihrer Vielfalt – die Multidimensionalität der menschlichen Erfahrung, die mich mein Leben lang inspiriert und erfrischt wie ein Jungbrunnen.

Wo auch immer etwas los ist, ich bin mittendrin und der einzige, der mühelos auf mehreren Hochzeiten gleichzeitig tanzen kann!

Lied der Zwillinge-Erde

Neugierig fliege ich
in einem gelben Ballon
über die vielen Gesichter der Erde,
nehme ihre unzähligen Facetten in mir auf,
atme ihre verschiedenen Gerüche ein,
begegne ihr jeden Tag mit hellwachen Augen
und lasse mich begierig ein
auf das neue Spiel,
das ich soeben
aus meinem Füllhorn gezaubert habe.
Komm mit mir, sieh und staune!

Zwillings-Erde – Schütze-Sonne

Ich bin die Erde, die wahrnimmt und das Wahrgenommene mitteilt.
Ich spinne aus meinen Impressionen Gedankenfäden.
Um meine neuen Schöpfungen hervorzubringen, brauche ich meinen Verstand und meine Fähigkeit, zu kommunizieren und mich mitzuteilen.
Ich gehöre zum Stamm der *Sammler*.
Ich sammle alles, was ich sehe, erkenne und begreife, damit ich anderen die vielen Facetten der Welt vermitteln, erschließen und zugänglich machen kann.
Ich verhindere Engstirnigkeit und schaffe Perspektiven.
Ich heile durch die Freiheit des Geistes.
Ich werde heil durch das Vermitteln der Vielfalt.
Ich erlange meine Macht zurück, indem ich mich auf meine Fähigkeit, zu sammeln und mit anderen zu teilen, besinne.
Ich benutze die Fähigkeit der Kommunikation, um meinen Mitmenschen die Vielfalt bewußt zu machen.
Ich erkunde mein So-Sein.
Mein Licht ist *die Erfahrung der mundanen Vielfalt.*
Die Erfahrung der göttlichen Ganzheit ist mein Schatten.
Die Erfahrung der göttlichen Ganzheit hebe ich ins Licht.
Wer bin ich ohne die Erfahrung der göttlichen Ganzheit?
Was ist die Erfahrung der göttlichen Einheit ohne das Wissen um seine Auffächerung in der irdischen Vielfalt?
Ohne das Ziel der Erleuchtung verirre ich mich in der Vielfalt der irdischen Erfahrungen.
Ohne das höhere Ziel ist das Wissen um die Details sinnlos.
Der Überblick auf das Ganze ist mein Ziel.
Ich bewege mich darauf zu,
bis wir uns in der Mitte, im neuen Dritten treffen.
In der Wahrheit!
Ich bin die Erd-Frau,
die *die Perlen aus der Muschel des Verstandes sammelt.*
Ohne mich gäbe es keine Erkenntnis der Zusammenhänge.
Ohne das Streben nach Wahrheit und Ganzheit könnte ich meine Perlen in keine Kette reihen.
Das ist meine Aufgabe, an der ich lerne, wachse und heile.

Erde im Krebs

Das Wasserzeichen Krebs verleiht der ursprünglichen, weiblichen Seite in mir Mond-Kraft, die ich nutze, um mit dem Strom der Seelenbilder zu fließen. Die aus den Tiefen der Gefühle emporsprudelnde Quelle der Krebs-Energie ist mein ausgleichendes Element, das mich in meine Mitte bringt und mich heil und ganz macht.

Das erlöste Weibliche in mir verhilft dem Fühlen, dem Spüren und Empfinden zur Geburt, das tief im Inneren schlummert wie eine Perle in der Auster. Dabei kann es passieren, daß andere zuerst nur meine schützende Schale sehen, bis ich sie allmählich öffne und ihren kostbaren Inhalt preisgebe.

Der Erde-Teil meines Wesens macht mich weich, sensibel, offen und beeindruckbar. Ich berühre andere wie ein Kind, das noch voller Vertrauen ist.

Ich repräsentiere die Erde in der Traumzeit – aus der alle menschlichen Gefühle und die Inbilder der Seele stammen. Meine Verbundenheit mit dieser Welt ist die Nahrung, die meine Seele braucht.

Wann immer ich kann, tauche ich in den Urozean der Schöpfung ein und öffne meine Schleusen, um mein Leben mit tieferen Inhalten zu befruchten.

Diejenigen, die sich für mich öffnen und die mein Vertrauen genießen, haben teil an meinen Gefühlen der Liebe, Zuwendung und Sympathie, die sich bedingungslos verströmen!

Lied der Krebs-Erde

Der silberne Vollmond
lächelt soviel Zärtlichkeit in mein Zimmer,
daß ich kaum mehr weiß,
ob mein Traum Wirklichkeit ist,
oder meine Wirklichkeit Traum.
Tief drinnen,
im warmen Mantel der Nacht,
tanzt mein Herz wie ein Kreisel,
dreht sich in der Zeit wie ein Karussell,
mit dem ich die Welten umrunde.
Im tiefen Ozean der Ewigkeit,
tauche ich mit dir nach kostbaren Perlen.
Bewahre sie gut,
und bring sie unter die Menschen!

Krebs-Erde – Steinbock-Sonne

Ich bin die Erde, die empfängt.
Ich empfange goldenes Sonnenlicht und verwandle es in silbernes Eigenlicht.
Ich schließe meine Kräfte nach außen ab und nach innen auf.
Ich gehöre zum Stamm der *Traumwanderer.*
Ich schöpfe aus den Träumen und bringe ihre Geschenke mit.
Ich verhindere Abgrenzung und schaffe Durchdringung.
Ich heile durch Sanftheit und Weichheit.
Ich werde heil durch das Eintauchen in seelische Welten.
Ich erlange meine Macht zurück, indem ich mich auf meine Fähigkeit zu empfangen besinne.
Ich empfange die Botschaften des Herzens, die Bilder der Seele, als Inspiration.
Ich erfahre die Innenwelt meines So-Seins.
Den schöpferischen Strom.
Mein Licht ist *der schöpferische Strom.*
Die Welt der Gestaltungen ist mein Schatten.
Die Welt der Gestaltungen hebe ich ins Licht, ins Bewußtsein.
Wer bin ich ohne die Welt der Gestaltungen?
Was ist die Welt der Gestaltungen ohne mich?
Ohne die Befestigung des Brunnens versickert meine Quelle.
Ohne die gestaltete Welt treiben meine Inspirationen ziellos im Meer.
Der befestigte Hafen ist mein Ziel.
Ich bewege mich auf *ihn* zu,
bis *wir* uns in der Mitte, im neuen Dritten treffen.
In der vom Menschen gestalteten Welt!
Ich bin die Erd-Frau,
deren *Inspiration die Welt gestalten hilft.*
Ohne mich gäbe es keinen Lebensquell.
Ohne das Gefaßte könnte meine Inspiration nicht sprudeln.
Das ist meine Aufgabe, an der ich lerne, wachse und heile.

Erde im Löwen

Das Feuerzeichen Löwe verleiht der ursprünglichen, weiblichen Seite in mir Sonnen-Kraft, die ich zur Konzentrierung der Kräfte im Zentrum meiner Selbst nutze. Das ruhige, wärmende Feuer der Löwe-Energie ist mein ausgleichendes Element, das mich in meine Mitte bringt und mich heil und ganz macht.

Das erlöste Weibliche in mir macht mich zu einem strahlenden, großzügigen Helden auf der Bühne des Lebens, der dort laut und deutlich den Willen des Schöpfers individuell interpretiert.

Der Erde-Teil meines Wesens schenkt mir ein offenes, großes Herz. Wenn ich gebe, schütte ich meine Schätze über den Menschen aus. Wenn ich nehme, schöpfe auch ich aus dem Vollen.

Ich repräsentiere die Erde in iher würdevollen, stolzen und majestätischen Gestalt – den Vollbesitz der eigenen, kreativen Macht, die mir Freiheit und Gelassenheit schenkt.

In jedem Augenblick meines Daseins lebe ich aus meiner Ganzheit, aus der Mitte meines Selbst heraus!

Lied der Löwe-Erde

Ich brenne mich in dein Herz,
feurig und doch sanft und behutsam.
Mit einem Feuerwerk der Liebe
erobere ich die harten Schalen
um deinen verletzten Kern.
Ich schenke dir Vertrauen
in das strahlende Sonnenlicht,
das ich über die grauen Fassaden schütte.
Ich leuchte für dich und mich,
sonst verglühe ich im Zuviel!
Nimm mich und gebe!

Löwe-Erde – Wassermann-Sonne

Ich bin die Erde, die Wärme schenkt.
Ich wärme die Erde, damit ihre Früchte gedeihen, und die Menschen, damit sie überleben können.
Ich gebe mit vollen Händen, weil meine Flamme niemals verlischt.
Ich gehöre zum Stamm der *Machtvollen.*
Ich benutze meine Macht, damit die Welt hier Bestand hat.
Ich verhindere Kälte und schaffe Lebensraum.
Ich heile durch das Einfangen der Kräfte in einer Mitte.
Ich werde heil, indem ich in meinem Herzen einen Mittelpunkt für die göttlichen Energien schaffe.
Ich erlange meine Macht zurück, indem ich mich auf mein Herz und meine Willenskraft besinne.
Durch die Öffnung meines Herzens und mit meinem Willen trage ich zum schöpferischen Prozeß bei.
Ich strahle den göttlichen Willen durch mein So-Sein aus.
Ins Diesseits.

Mein Licht ist *mein Zentrum.*
Der überpersönliche Dienst ist mein Schatten.

Den überpersönlichen Dienst hebe ich ins Licht, ins Bewußtsein.
Wer bin ich ohne die anderen, denen ich mit meiner Macht dienen kann?
Was sind die anderen, die meinen Dienst brauchen, ohne meine Macht?
Ohne sie bleibe ich auf mein Zentrum begrenzt.
Ohne sie ist mein Geben beschränkt.
Der überpersönliche Dienst ist mein Ziel.
Ich bewege mich auf *ihn* zu,
bis *wir* uns in der Mitte, im neuen Dritten treffen.
Der Mensch als Gefäß für den göttlichen Willen!
Ich bin die Erd-Frau,
die *den überpersönlichen Dienst* sucht.
Ohne meine Macht könnte ich kein Gefäß für den göttlichen Willen sein.
Ohne göttlichen Willen würde meine Macht zur Hybris.
Das ist meine Aufgabe, an der ich lerne, wachse und heile.

Erde in der Jungfrau

Das Erdzeichen Jungfrau ist die Heimat der ursprünglichen, weiblichen Seite in mir. Ich nutze die Erde-Kraft, um die Ernte meines Bemühens auf meinem Weg einzubringen und den Segen, der mir zuteil geworden ist, für mich und andere zu verwerten. Die segensreiche Jungfrau-Energie ist mein ausgleichendes Element, das mich in meine Mitte bringt und mich heil und ganz macht.

Das erlöste Weibliche in mir macht mich zu einem Diener allen irdischen Lebens und der irdischen Aufgaben. Ich trage aufrecht und würdig meinen Teil zur Verwirklichung des göttlichen Plans bei.

Der Erde-Teil meines Wesens macht mich heilsam für mich und für andere. Dabei kommt es vor, daß manche Menschen nicht sofort verstehen, daß Heilung oft nur durch Bemühen und Anstrengung erlangt werden kann. Ich mache ihnen das dafür Notwendige bewußt.

Ich repräsentiere die Erde, die sich auf die Vollendung vorbereitet – die Synthese von Göttlichkeit und Menschlichkeit. Diese Wahrheit ist die Triebfeder all meiner Handlungen.

Wann immer es nötig ist, trage ich zur Verwirklichung des Großen Plans bei!

Lied der Jungfrau-Erde

Manchmal zerschlage ich deine Illusionen in Trümmer,
zerkleinere sie zu Kieselsteinen,
bis nichts mehr von ihnen übrigbleibt als Sandkörner,
die dich – vom Wind zerstreut – verlassen.
Ich blicke ihnen nach,
und meine Tränen weinen Abschied.
Doch plötzlich schenkt dir die Leere ungeahnte Leichtigkeit,
Deine Sandkörner sammeln sich an einem ruhigen Strand,
und ich kann mich aufmachen,
dich zu heilen und neue Burgen zu bauen!
Vertrau mir deine Seele an,
und laß dich liebevoll erlösen!

Jungfrau-Erde – Fische-Sonne

Ich bin die Erde, die den Weg zur Heilung bereitet.
Ich stelle alles zur Verfügung, was zur Heilung notwendig ist.
Um Heilung zu bewirken, tue ich alles, was die Not wendet.
Ich gehöre zum Stamm der *Heiler.*
Ich heile, um die kosmische Harmonie wiederherzustellen.
Ich verhindere Zerfall und schaffe Verbundenheit.
Ich heile durch das Not-Wendende.
Ich werde heil durch meine Fähigkeit, in meiner menschlichen Form bewußt zu werden.
Ich erlange meine Macht zurück, indem ich mich auf meine Fähigkeit, das Notwendende zu tun, besinne.
Ich mache der Erde ein Geschenk, indem ich das Opfer des Notwendigen bringe.
Ich mache mir das So-Sein bewußt.
Als Spiegel der Menschlichkeit.
Mein Licht ist *der Spiegel der Menschlichkeit.*
Die Göttlichkeit ist mein Schatten.
Die Göttlichkeit hebe ich ins Licht, ins Bewußtsein.
Wer bin ich ohne die Göttlichkeit?
Was ist die Göttlichkeit ohne mich?
Ohne sie ist das Leben auf Erden sinnlos.
Ohne sie gibt es keine Heilung auf Erden.
Die Göttlichkeit ist mein Ziel.
Ich bewege mich auf *die Göttlichkeit* zu,
bis *wir* uns in der Mitte, im neuen Dritten treffen.
In Liebe!
Ich bin die Erd-Frau,
die *Liebe* auf die Erde bringt.
Ohne mich würde das für den Seelenweg Notwendige nicht bewußt.
Ohne die Liebe, die aus dem Göttlichen fließt, könnte ich nicht heilen.
Das ist meine Aufgabe, an der ich lerne, wachse und heile.

Erde in der Waage

Das Luftzeichen Waage verleiht der ursprünglichen, weiblichen Seite in mir spirituelle venusische Kraft, die ich zum Ausgleich der Gegensätze und zur Verbundenheit mit dem Ich des anderen nutze, um das gemeinsame Dritte, das Wir zu schaffen. Der veredelte Geist der Waage-Energie ist mein ausgleichendes Element, das mich in meine Mitte bringt und mich heil und ganz macht.

Das erlöste Weibliche in mir trägt dazu bei, daß sich Geist und Materie berühren. Es macht mich bereit, mich über meine Triebnatur zu erheben und echte Beziehungen aufzubauen.

Der Erde-Teil meines Wesens stellt bewußt den Kontakt zum Du her, das ich zur Ergänzung meines Ichs brauche, denn nur mit dem anderen bin ich ganz. Ich erhöhe mein Ich und dein Ich in unserer Gemeinsamkeit.

Ich repräsentiere die Erde in Harmonie – die Ausgewogenheit der gegensätzlichen und unterschiedlichen Kräfte, die alle zum Ganzen beitragen. Die allumfassende, ausgleichende Energie trägt mich ruhig und gleichmäßig durchs Leben.

Mit jeder Faser meines Herzens strebe ich vom Ich zum Du zum Wir!

Lied der Waage-Erde

Du bist da – greifbar und nah.
In jeder Sekunde liegt die Ewigkeit unserer Berührung.
Unsere Seelen stecken unter einer Decke.
Ich atme dich ein,
tief hinein in mein Herz.
Ich atme dich aus,
weit hinaus in deine Welt.
Unsere Herzen schlagen im Gleichtakt,
hier und in der Ferne.
Nur mit dir bin ich ganz!
Ich bin dein zweiter Flügel.
Gib mir deine Hand,
und laß uns fliegen!

Waage-Erde – Widder-Sonne

Ich bin die Erde, die sich für das Du öffnet.
Ich lasse meine Energie aus mir herausströmen, bis sie dich und mich verbindet.
Um meine neuen Schöpfungen hervorzubringen, brauche ich einen Impuls von außen.
Ich gehöre zum Stamm der *Gleichgewichtschaffenden.*
Ich gleiche aus, damit die Synthese stattfinden kann.
Ich verhindere Getrenntheit und schaffe Einheit.
Ich heile durch die Integration des anderen.
Ich werde heil durch die Fähigkeit, Gegensätze in Harmonie zu bringen.
Ich erlange meine Macht zurück, indem ich mich auf meine Fähigkeit auszugleichen besinne.
Ich gleiche Fremdheit, Verschiedenartigkeit und scheinbar Unvereinbares aus.
Ich verbinde mein So-Sein mit deinem.
Zu einem neuen Dritten.
Mein Licht ist *die Welt dort draußen.*
Die Welt in mir ist mein Schatten.
Die Welt in mir hebe ich ins Licht, ins Bewußtsein.
Wer bin ich ohne den Impuls aus meinem Inneren?
Was ist die Welt dort draußen ohne mich?
Ohne mich gibt es keine Verbindung zum Du.
Ohne mich kann kein neues Drittes entstehen.
Das Ich ist mein Ziel.
Ich bewege mich auf *mein Ich* zu.
bis *wir* uns in der Mitte, im neuen Dritten treffen.
Gemeinsam!
Ich bin die Erd-Frau,
die *das neue Ich* zur Welt bringt.
Ohne mein Ich gäbe es kein Wir.
Ohne meinen Impuls gäbe es keine Beziehung, in der ich mein wahres Selbst finden, erweitern und erhöhen kann.
Das ist meine Aufgabe, an der ich lerne, wachse und heile.

Erde im Skorpion

Das Wasserzeichen Skorpion verleiht der ursprünglichen, weiblichen Seite in mir plutonische Kraft, die ich zur Häutung und Metamorphose meiner Seele nutze. Die hohe Brandung der Skorpion-Energie ist mein ausgleichendes Element, das mich in meine Mitte bringt und mich heil und ganz macht.

Das erlöste Weibliche in mir macht mich zu einem Wellenreiter, der mal hoch auf dem Wellenkamm der lichten Wahrheit reitet, um dann wieder durch den dunklen Wellentunnel hindurchzutauchen. Ich habe den Mut, den festen Boden unter den Füßen zu verlieren und in den Abgrund gerissen zu werden.

Der Erde-Teil meines Wesens macht mir die Unsterblichkeit der Seele bewußt, die ich in ihren vielen Wandlungen erfahre. Altes muß sterben, damit Platz für Neues geschaffen wird. Diesem Gesetz trage ich Rechnung, und ich verstehe, daß ich anderen oft ein wenig unheimlich bin, denn ich habe gelernt, auch ohne meine physischen Augen zu sehen.

Ich bin mit den Mächten hinter dem Leben vertraut, vor denen sich andere fürchten. Manchmal erschreckt mich die Macht, die ich dadurch erlangt habe, selbst, bis ich wieder begreife, daß ich nur im Besitz von göttlichen Wahrheiten bin und meine Seele sich in ihren zahllosen Initiationen läutert, um dieses Wissen verantwortungsvoll zu gebrauchen.

Ich repräsentiere die Erde als Trägerin des ewigen Lebenskeims. Ich verkörpere das sich wandelnde Sein – den Wandel des Überlebten und die Zeugung neuen Lebens.

Ich bin der Lebenskeim in allem und im All, im Lebendigen und im Ungeborenen!

Lied der Skorpion-Erde

Ich entzünde Irrlichter über dem pechschwarzen See
und locke deine Seele aus ihrem Ruderboot.
Sie tanzt mit den Nixen auf dem Wasser,
bricht durch den erblindeten Spiegel,
zeichnet verschwommene Spuren auf brüchiges Eis.
Zwischen Tod und Geburt
breite ich deine Schmerzen unter dem Himmel aus
und vertreibe mit wütendem Geheul deine Dämonen.
Ich suche nach deiner Wahrheit,
grabe deine Seele aus,
reinige sie von altem Morast,
damit du erkennen kannst,
wie das Göttliche sie erschaffen hat.
Antworte mir!

Skorpion-Erde – Stier-Sonne

Ich bin die Erde, die verwandelt.
Meine Energie spült alte Formen fort.
Um meine neuen Schöpfungen hervorzubringen, brauche ich die Kraft der Katharsis.
Ich gehöre zum Stamm der *Wandlungbringenden.*
Ich wandle die manifestierten Formen, damit sich ihre Energie in der Tiefe transformieren und zu neuen Höhen aufsteigen kann.
Ich verhindere Vergänglichkeit und schaffe Unsterblichkeit.
Ich heile durch Metamorphose.
Ich werde heil durch das Abstreifen der alten Haut.
Ich erlange meine Macht zurück, indem ich mich auf meine Fähigkeit zu verwandeln besinne.
Ich verwandle die alte Form, um den Kreislauf des Lebens in Gang zu halten.
Ich verwandle mein So-Sein.
Mein Licht ist *die Verwandlung.*
Das neue Wachstum ist mein Schatten.
Das neue Wachstum hebe ich ins Licht, ins Bewußtsein.
Wer bin ich ohne neues Wachstum?
Was ist die formgewordene Welt ohne mich?
Ohne sie gäbe es nichts, was ich verwandeln könnte.
Ohne sie wäre die Transformation sinnlos.
Die Welt der aufblühenden Formen ist mein Ziel.
Ich bewege mich darauf zu,
bis wir uns in der Mitte, im neuen Dritten treffen.
Stirb und werde!
Ich bin die Erd-Frau,
die *die alten Formen* verwandelt.
Ohne mich gäbe es keinen ewigen Wandel.
Ohne neues Wachstum könnte ich nicht in immer tiefere Schichten der Wahrheit eindringen.
Das ist meine Aufgabe, an der ich lerne, wachse und heile.

Erde im Schützen

Das Feuerzeichen Schütze verleiht der ursprünglichen, weiblichen Seite in mir Jupiter-Kraft, die ich zur Erweiterung meiner Persönlichkeit und meiner Sichtweise nutze. Das geistige Feuer der Schütze-Energie ist mein ausgleichendes Element, das mich in meine Mitte bringt und mich heil und ganz macht.

Das erlöste Weibliche in mir macht mich zu einem Himmelsstürmer, der das Geschehen dort unten auf der Erde von einem höheren Standpunkt aus überblickt und die größeren Zusammenhänge erkennt.

Der Erde-Teil meines Wesens macht mich vom Wissenden zum Weisen, vom Suchenden zum Erleuchteten. Meine Ziele sind so hoch, daß sie anderen oft unerreichbar scheinen, manchmal auch mir selbst.

Ich repräsentiere die Erde in der Erhöhung – das Emporsteigen der Seele zum Göttlichen. Dieses Streben ist der Motor, der mich unaufhörlich in Gang hält.

In jedem Augenblick strebe ich nach einer Zukunft, die mehr ist als das Jetzt, weil ich mich selbst weiterentwickelt habe!

Lied der Schütze-Erde

Wenn du blind durch die Finsternis irrst
will ich dein Lichtblick sein,
wenn du in einem Labyrinth verloren bist,
will ich dich leiten,
wenn dich Lügen ersticken,
und du nirgendwo mehr atmen kannst,
führe ich dich ins Freie,
und meine Augen leuchten dir
auf dem Weg zu den Weisen.
Nimm Kurs auf dein höheres Ziel!

Schütze-Erde – Zwillinge-Sonne

Ich bin die Erde, die nach Erleuchtung strebt.
Ich richte meine Kräfte auf das Göttliche.
Um meine neuen Schöpfungen hervorzubringen, brauche ich meine Fähigkeit zur Erkenntnis.
Ich gehöre zum Stamm der *Lichtbringer.*
Ich bringe das kosmische Licht ins menschliche Bewußtsein.
Ich verhindere Wissen ohne Weisheit und schaffe holistische Erkenntnis.
Ich heile durch die Verbreitung des Lichts.
Ich werde heil durch das Streben nach dem Göttlichen.
Ich erlange meine Macht zurück, indem ich mich auf meine Fähigkeit, Licht zu bringen, besinne.
Ich bringe Licht, um die Menschen zu erleuchten.
Ich erfahre Ganzheit in meinem So-Sein.
Mein Licht ist *die Erfahrung der Ganzheit.*
Das Mundane, das ich erleuchte, ist mein Schatten.
Die mundane Vielfalt hebe ich ins Licht, ins Bewußtsein.
Wer bin ich ohne das Erkennen der Vielfalt auf Erden?
Was ist die Erfahrung der Vielfalt ohne mein Wissen um die Ganzheit?
Ohne die mundane Vielfalt kann das göttliche Licht die Welt nicht erleuchten.
Ohne sie würde ich nicht nach Ganzheit streben.
Die Erfahrung und Wahrnehmung der Vielfalt ist mein Ziel.
Ich bewege mich darauf zu,
bis wir uns in der Mitte, im neuen Dritten treffen.
In der Wahrheit!
Ich bin die Erd-Frau,
die *zwischen Vielfalt und Ganzheit erleuchtet wird.*
Ohne mich gäbe es keine Erleuchtung.
Ohne die Vielfalt des Mundanen wäre die erleuchtete Ganzheit nicht möglich.
Das ist meine Aufgabe, an der ich lerne, wachse und heile.

Erde im Steinbock

Das Erdzeichen Steinbock verleiht der ursprünglichen, weiblichen Seite in mir Saturn-Kraft, die ich nutze, um Meisterschaft zu erlangen. Das Gold im Urgestein der Steinbock-Energie ist mein ausgleichendes Element, das mich in meine Mitte bringt und mich heil und ganz macht.

Das erlöste Weibliche in mir macht mich zu einem heldenhaften, zähen Alleinkämpfer, der unter Aufbietung all seiner Kräfte und Fähigkeiten den Gipfel erklimmt.

Der Erde-Teil meines Wesens macht mich zum Fels in der Brandung einer unbeständigen Welt, in der meine Errungenschaften überdauern.

Ich repräsentiere die Erde in ihrer stofflichen Formnatur – die sichtbare Welt mit all ihren Grenzen und Bedingungen, die das physische Leben erst möglich machen.

Ich bin der Träger des ewigen Lichts auf Erden!

Lied der Steinbock-Erde

Ich biete der Flut der Schöpfung ein Ufer
und schenke ihr irdische Formen,
damit sie sich in der sichtbaren Welt
entfalten kann.
Hoch oben auf dem Gipfel bin ich angelangt,
bewußt und stark in meinem All-ein-sein,
und trage meisterhaft das Meine bei
zur Offenbarung des Großen Plans.
Ich bin dein innerer Meister.
Sei ein Vorbild,
und vergolde das ewige Werk!

Steinbock-Erde – Krebs-Sonne

Ich bin die Erde, die umhüllt.
Ich hülle das Nicht-Stoffliche in den Mantel der stofflichen Form.
Ich kristallisiere meine Kräfte zu dem Fels, der das Strömende begrenzt.
Ich gehöre zum Stamm der *Formbildenden.*
Ich bin das Gefäß, das die Ideen manifestiert.
Ich verhindere die Leere des Ungeformten und schaffe die sichtbaren Formen.
Ich heile durch die Realisierung des göttlichen Plans.
Ich werde heil durch die Formbildung des irdischen Lebens.
Ich erlange meine Macht zurück, indem ich mich auf meine Fähigkeit zu materialisieren besinne.
Ich materialisiere die Bilder der Seele und verleihe ihnen Gestalt.
Ich fange den schöpferischen Strom in meinem So-Sein ein.
In einem irdischen Gefäß.
Mein Licht ist *die Welt der Gestaltungen.*
Das Meer der Schöpfungsimpulse ist mein Schatten.
Das Meer der Schöpfungsimpulse hebe ich ins Licht, ins Bewußtsein.
Wer bin ich ohne das Meer der Schöpfungsimpulse?
Was ist das Meer der Schöpfungsimpulse ohne mich?
Ohne den Schöpfungsgedanken kann ich das irdische Leben nicht gestalten.
Ohne Inspiration bleibt die von mir gestaltete Welt unbeseelt.
Die Seelenbilder sind mein Ziel.
Ich bewege mich auf *sie* zu,
bis *wir* uns in der Mitte, im neuen Dritten treffen.
In der vom Menschen gestalteten Welt!
Ich bin die Erd-Frau,
die *die materielle Welt gestaltet.*
Ohne mich gäbe es keine sichtbaren Formen.
Ohne Inspiration könnte ich keine lebendigen Formen bilden.
Das ist meine Aufgabe, an der ich lerne, wachse und heile.

Erde im Wassermann

Das Luftzeichen Wassermann verleiht der ursprünglichen, weiblichen Seite in mir Uranus-Kraft, die ich nutze, um mir die jenseitige Dimension hinter der sichtbaren Welt zu erschließen. Der transpersonale Geist der Wassermann-Energie ist mein ausgleichendes Element, das mich in meine Mitte bringt und mich heil und ganz macht.

Das erlöste Weibliche in mir macht mich zu einem Vordenker, der mit seinen Visionen die Zukunft erschafft und die Samen neuen Bewußtseins auf die Erde streut. Oft fühle ich mich dabei als Außenseiter, der von der Herde verstoßen wurde. Daher suche ich meine Seelenverwandten, die Gleichgesinnten, die dieselben Welten mit mir teilen, in denen ich mich bewege.

Der Erde-Teil meines Wesens macht mich unkonventionell, originell und extravagant. Ich bin immer ein wenig anders als die anderen, unverwechselbar, ein schillerndes Wesen von einem fremden Planeten.

Ich repräsentiere die Erde in der Öffnung für nicht-stoffliche, spirituelle Energien – die Verbindung von Himmel und Erde, Geist und Materie. Ich halte das irdische Leben in Bewegung, ohne die es kein Leben gibt.

Ich bewirke, daß nichts bleibt, wie es ist, und mache den Alltag zum täglichen Abenteuer!

Lied der Wassermann-Erde

Je mehr Welten ich dir erschließe,
desto vollkommener wird dein Sein.
Ich beschenke dich mit meinen Visionen,
die aus mir in dich einfließen,
wenn du dich geöffnet hast.
Ich verbinde Himmel und Erde
auf unserem Flug durch den Kosmos.
Wage mit mir den Sprung ins Unbekannte!

Wassermann-Erde – Löwe-Sonne

Ich bin die Erde, die das Jenseitige erschließt.
Ich durchleuchte die stoffliche Welt, um das hinter ihren Grenzen Liegende zu erhellen.
Ich überschreite die Grenzen vom persönlichen zum überpersönlichen Raum.
Ich gehöre zum Stamm der *Seher.*
Ich benutze meine Visionen, um das höhere Bewußtsein auf die Erde zu bringen.
Ich verhindere Verblendung und Fixierung auf das Stoffliche und Persönliche, und schaffe Raum für das Feinstoffliche und Überpersönliche.
Ich heile durch die Erweckung der feinstofflichen Kräfte.
Ich werde heil, indem ich die persönliche Welt transzendiere.
Ich erlange meine Macht zurück, indem ich mich auf meine Fähigkeit, das Persönliche zu transzendieren besinne.
Durch die Überschreitung der persönlichen Grenzen öffne ich den Kanal für die spirituellen Energien.
Ich öffne die Welt des Persönlichen durch mein So-Sein.
Für das transpersonale Bewußtsein.
Mein Licht ist *das transpersonale Bewußtsein.*
Das persönliche Selbst ist mein Schatten.
Das persönliche Selbst hebe ich ins Licht, ins Bewußtsein.
Wer bin ich ohne das persönliche Selbst?
Was ist das persönliche Selbst ohne mich?
Ohne es kann ich die spirituellen Energien nicht über der Erde ausgießen.
Ohne die Zentrierung in meiner Mitte gefährdet das Überschreiten der Grenzen meine Integriertheit.
Die Zentrierung in meiner Mitte ist mein Ziel.
Ich bewege mich auf *sie* zu,
bis *wir* uns in der Mitte, im neuen Dritten treffen.
Der Mensch als Gefäß für den göttlichen Willen!
Ich bin die Erd-Frau,
die *die Zentrierung in der Mitte* sucht.
Ohne Transzendenz kann ich kein Kanal sein.
Ohne Zentrum führt das Transzendieren zur Desintegration.
Das ist meine Aufgabe, an der ich lerne, wachse und heile.

Erde in den Fischen

Das Wasserzeichen Fische verleiht der ursprünglichen, weiblichen Seite in mir Neptun-Kraft, die ich zur Auflösung meiner Grenzen nutze, um Verbundenheit mit allen anderen Wesen und Dimensionen im Universum zu erlangen. Das grenzenlose Meer der Fische-Energie, das die Vereinigung allen Wassers repräsentiert, ist mein ausgleichendes Element, das mich in meine Mitte bringt und mich heil und ganz macht.

Das erlöste Weibliche in mir macht mich zu einem selbstlosen, hingebungsvollen Liebenden, durch den die höheren, heilenden Energien der Liebe fließen.

Der Erde-Teil meines Wesens macht mich durchlässig, medial und für andere manchmal unfaßbar. Ich bewege mich jenseits der Grenzen der materiellen Wirklichkeit. In der Urheimat meiner Seele schließe ich mich an die spirituellen Energien an, die Quelle allen Lebens sind und mich mein ganzes Leben lang nähren, heilen und bereichern.

Ich repräsentiere die Erde im Zustand der Beseeltheit – die göttliche Ekstase, die Berührung von Persönlichem und Überpersönlichem im Menschen, die Verschmelzung in Liebe.

Ich bin. Ich bin eins. Ich bin das!

Lied der Fische-Erde

Fast unmerklich hebe ich die schillernden
Nebelschleier,
hinter denen sich die Absolutheit verbirgt.
Mit einem Hauch von Zärtlichkeit
schiebe ich dich der Vollendung entgegen,
fülle den Fluß deiner Seele mit Liebe an,
bis er über die Ufer tritt,
und die Erde mit heiligem Wasser tränkt.
Gib dich dem Göttlichen hin,
und erfahre die Gnade der All-Einheit.

Fische-Erde – Jungfrau-Sonne

Ich bin die Erde, die alles vereint.
Ich vereine alle gegensätzlichen und verschiedenartigen Energien im Zustand der göttlichen Liebe.
Um die All-Einheit herzustellen, löse ich alle festen Formen und Strukturen auf.
Ich gehöre zum Stamm der *Bodhisattvas.*
Ich führe die Menschen zurück zum Göttlichen.
Ich verhindere Unseligkeit und schaffe Seligkeit.
Ich heile mit der Kraft der Liebe.
Ich werde heil durch meine Fähigkeit, mich mit dem Göttlichen zu vereinen.
Ich erlange meine Macht zurück, indem ich mich auf meine Fähigkeit, Gnade zu erfahren, besinne.
Ich mache der Erde das Geschenk der Gnade, indem ich zu einem Sprachrohr Gottes werde.
Ich löse mein So-Sein im All-Einen auf.
Als Spiegel der Göttlichkeit.
Mein Licht ist *der Spiegel der Göttlichkeit.*
Die Menschlichkeit ist mein Schatten.
Die Menschlichkeit hebe ich ins Licht, ins Bewußtsein.
Wer bin ich ohne die Menschlichkeit?
Was ist die Menschlichkeit ohne mich?
Ohne sie kann sich die Göttlichkeit nicht verkörpern.
Ohne sie gibt es keine Sichtbarkeit der Schöpfung.
Die Menschlichkeit ist mein Ziel.
Ich bewege mich auf *die Menschlichkeit* zu,
bis *wir* uns in der Mitte, im neuen Dritten treffen.
In Liebe!
Ich bin die Erd-Frau,
die *Gnade* auf die Erde bringt.
Ohne mich kann Heilung nicht geschehen.
Ohne die menschliche Natur könnte die göttliche Gnade nicht wirken.
Das ist meine Aufgabe, an der ich lerne, wachse und heile.

Neuntes Kapitel

Das Dreieck Sonne, Erde und Mond

(Die heile und heilige Familie)

Warum spielen Mutter, Vater und Kind eine so wichtige Rolle in unserer Gefühlswelt? Warum beschäftigen sich die unterschiedlichen Psychotherapien so intensiv mit dem Kind, das wir einmal waren, und unserem inneren Kind, mit unserer realen Mutter und der Mutter, die wir verinnerlicht haben, und unserem realen Vater und dem Vater, den wir internalisiert haben?

Einfach ausgedrückt, bildet das Dreiecksverhältnis von Mutter, Vater und Kind sowohl in der Kindheit als auch im Erwachsenenleben unsere Überlebensgrundlage. Die beiden Pole der Grundlinie des Dreiecks sind Mutter und Vater. Die Spitze, der in die Eigenständigkeit erhobene Mittelpunkt (die Mitte der beiden Pole, in der die Synthese geschieht), ist das Kind. Auf die astrologischen Planeten übertragen, besteht das Dreieck aus Erde und Sonne auf der Grundlinie, und dem Mond an der Spitze des Dreiecks.

Vielleicht könnte man die Rolle, die dem Vater zukommt, am klarsten als das *die aktive Entfaltung unterstützende* Prinzip definieren, während die Mutterrolle die Funktion des *geschützten, gesunden Wachsens* umfaßt. Die Aufgabe des Nährens und Ernährens fällt beiden Teilen gleichermaßen zu.

»Wenn in der Psyche ein gesundes Gleichgewicht zwischen männlichen und weiblichen Eigenschaften besteht, dann fungiert der Animus (der männliche Teil; Anm. d. Verf.) als unser Helfer, Gefährte, Geliebter, Bruder, Vater, König. Das heißt nicht, daß der Animus der König der feminen Psyche ist, wie manch einer aus einer überholten patriarchalischen Sicht vielleicht gern behaupten würde. Ich sage, daß ein königlicher Aspekt in der Psyche existiert, der die Anweisungen der Wildnatur (des befreiten Weiblichen; Anm. d. Verf.) mit furchtloser Weisheit und königlicher Würde ausführen kann.«[93]

Die Rolle des Kindes ist die neue, individuelle *Schöpfung*, die daraus entsteht. Im übertragenen Sinne wird die kreative Energie freigesetzt, wenn weiblich-mütterliche und männlich-väterliche Energien in einem ausgewogenen Verhältnis fließen können. Sie bilden den Urgrund von Vertrauen in die Welt und in sich selbst, aus der heraus ein Mensch kreativ werden kann.

Wir wissen, daß unsere freie, kreative Entfaltung in dem Augenblick gestört wird, wo wir zweifeln oder Angst haben, das heißt, wenn unser Vertrauen in uns, unsere Fähigkeiten, unseren Wert oder die anderen Menschen erschüttert ist. Dann erleben wir uns blockiert, eng (*Angst* kommt von lat. *angustus* = eng) und destruktiv gegen uns und andere. »Unsere dysfunktionale Gesellschaft, in der Krieg, Kriminalität, Gewalt, Hunger und die Mißhandlung der Erde weit verbreitet sind, ist das Produkt unserer dysfunktionalen Familien. Der Kreislauf wird erst unterbrochen werden, wenn jeder von uns sich individuell dafür entscheidet, von seinem inneren Kind zu lernen, was es heißt, sich selbst zu lieben.«[94]

Wenn wir *Sonne* und *Erde* in der Astrologie unter diesem Gesichtspunkt betrachten, brauchen wir sie, damit sie uns *Kraft* und *Vertrauen* in uns und die Welt geben, um mit unserer eigenen Kreativität den ewigen Kreislauf der Schöpfung in Gang zu halten. In diesem Fall können wir unseren *Mond* als den Teil von uns leben, der *kreativ ist.* Er ist das innere Kind und »die Quelle unserer Lebendigkeit, unserer Begeisterungsfähigkeit und unseres Potentials, uns zu wundern und in Erstaunen zu geraten.... Das geliebte Kind ist stark, dynamisch und voller Leidenschaft, es ist verspielt und neugierig und immer für neue Ideen und Erfahrungen offen. Aus dem natürlichen inneren Kind fließen unsere Kreativität, unsere Intuition und unsere Fähigkeit, anderen Menschen zu vertrauen.... Das Kind, das die Welt holistisch und nicht logisch-linear betrachtet, ist Träger unserer Fähigkeit zur tiefen emotionalen und spirituellen Verbindung zu uns selbst und zu anderen.«[95]

Obwohl jede neue Schöpfung und damit auch jedes neue Produkt aus einem kreativen Prozeß hervorgeht, wird Kreativität in unserer Gesellschaft eher unterdrückt als gefördert. Deshalb werden auch Kinder als unmündige, noch unwissende Wesen behandelt, und ihre Spiele (wie auch die Spiele der Erwachsenen) werden als unproduktiv und unnütz abgewertet.

Im Patriarchat, das die Erde verdrängt hat und statt dessen Sonne (als Vatersymbol) und Saturn (als Muttersymbol) gepaart hat, gehen viele Erwachsene mit Kindern um, als wären sie kleine Idioten. »In unserem Kulturkreis sind Kinder traditionell weniger wert als Erwachsene – sie werden als weniger wichtig und weniger klug angesehen.«[96]

Dies zeigt, welche untergeordnete Position der Mond in diesem Machtsystem einnehmen mußte. Weder die Erde (als Frau) noch der Mond (als Kind) durften der Sonne (dem Mann) seine Spitzenposition streitig machen. Die Sonne wurde an die Spitze des Dreiecks gestellt, wodurch die wahre Ordnung, in der überhaupt keine Hierarchie nötig ist, aus der Harmonie gebracht wurde. Daß die Spitze des Dreiecks ein Symbol für die höhere Position ist, für den Thron, ist eine weitere Fehlinterpretation des monotheistisch-patriarchalen Weltbildes, wo Gott irgendwo ganz hoch oben gesucht wird. Gott ist aber auch tief unten in der Erde. Wie schon C. G. Jung sagte: »Der Hintergrund unserer empirischen Welt scheint in der Tat ein *unus mundus* zu sein.«[97] Jung verwendete den Begriff »unus mundus« für die Ganzheit durch Transzendenz, einen Zustand der Synthese von Bewußtem und Unbewußtem und der Einheit von Körper, Geist und Seele.

Die Urbilder Mutter, Vater und Kind – Erde, Sonne und Mond – scheinen direkt aus dem Ganzen, der All-Einheit, zu entspringen. Daher repräsentieren sie diesen Zustand, indem sie ihn durch ihre Synthese wiederherstellen. Aus dem aus der Zwei entstandenen Dritten findet eine erneute Auffächerung des Einen in die Drei statt. Insofern verbirgt sich dahinter die heilige *Drei* oder die heilige Familie als eines der mächtigsten Motive im Menschen.

In unserer Kultur wurde weitgehend vergessen, daß Kinder noch mit ihrer spirituellen Dimension verbunden und medial sind. Sie können sich auch an frühere Leben erinnern. Es kann sein, daß ein Kind eine sehr alte, hochentwickelte Seele ist, die sich wiederverkörpert hat. Kinder sind absolut kreativ, das heißt, sie können aus jeder Situation und aus jedem Gegenstand ein Spiel entwickeln, das nichts anderes ist, als ihre ureigene, neue Schöpfung. Wenn man dies berücksichtigt, mutet es doch sehr befremdlich an, wenn man beobachtet, wie Kinder heute oftmals behandelt werden, und es verwundert nicht mehr, daß ihr wertvolles Potential verschüttet wird, und später einmal entsprechend »gestörte« Erwachsene daraus hervorgehen.

Auch in der Astrologie verkam der Mond zum Hätschelkind, zum launenhaften, triebhaften, instinktbetonten Phantasten und Träumer. Die mit dem Mond verbundenen Wesenszüge entschuldigte man im äußersten Fall bei Künstlern, Frauen und Kindern, denen man ihre infantilen Macken und Allüren erlaubte. Erwachsene und hier besonders Männer lehnten alles Mondhafte ab und gruben es höchstens, wenn sie allein oder daheim bei ihren Ehefrauen waren oder in einer Therapie wieder aus.

»Beobachten Sie jemanden, der allein zu sein glaubt, sofort kommt das Kind zum Vorschein ...«[98], schreibt Georg Groddeck, der ein Pionier auf dem Gebiet der Psychosomatik war und die Theorie vom *Es* aufstellte.

In der Schulmedizin und der klassischen Psychoanalyse wurde der Körper wie ein ungezogenes Kind behandelt, und die Astrologie stand dem bei der Deutung des Mondes bisher nicht nach. Interessanterweise widersprechen sich die astrologischen Zuordnungen zum Mond in vieler Hinsicht. Fast überall lesen wir, daß der Mond den lunaren oder weiblichen Anteil im Menschen repräsentiert. Andererseits wird er gleichzeitig buchstäblich als »das innere Kind« beschrieben. Der Mond verkörpert die Bedürfnisse nach Sicherheit und Umsorgtwerden ebenso wie die mütterlichen Fähigkeiten, Sicherheit und Geborgenheit zu schenken. Was hat man nicht alles in den Mond hineingepackt, nur weil der ursprüngliche, weibliche Pol fehlte – die Erde!

In neueren Büchern taucht hingegen schon die Frage auf, was der Mond nun eigentlich symbolisiere. »Gibt uns der Mond ganz allgemein Informationen zum Thema des Weiblichen, ... oder beschreibt er nur die Mutter? ... beschreibt er vielleicht nur die angeborene Reaktionsweise auf die Mutter und auf das weibliche Prinzip schlechthin?« fragt Karen Hamaker-Zondag.[99]

Wenn wir die Erde als den weiblichen Pol zur Sonne wieder in ihre Macht setzen, kann der Mond von einer Bürde befreit werden, die er niemals tragen konnte. Gleichzeitig löst sich die Verwirrung darüber, ob der Mond nun das Kind oder die Mutter sei. Ich glaube, daß jedem, der sich ernsthaft mit Astrologie beschäftigt, bei der Deutung des Mondes das eine oder andere Mal Zweifel hinsichtlich seiner Identität gekommen sind. Denn wer kann schon guten Gewissens behaupten, das *Weibliche* umfasse sowohl die *Mutter* als auch *das Kind?* Schließlich ist auch das reale Kind ein eigenständiges Wesen entweder weiblichen oder männlichen Geschlechts.

Ich glaube, wir haben so große Schwierigkeiten mit den Definitionen vom weiblichen und männlichen, vom mütterlichen und väterlichen Prinzip, weil das Weibliche allgemein auf dieselbe unterbewertete Stufe gestellt wurde wie das Kind. Im Patriarchat waren Frauen Menschen zweiter Klasse, wenn nicht noch weniger. Frauen galten als weniger intelligent als Männer, triebgesteuert und schwach.

Schon Hippokrates (460–377 v. Chr.), auf den die Ärzte heute noch ihren Eid schwören, erklärte, die Frau sei von ihrer Konstitution her natürlicherweise krank. Aristoteles (4. Jhd. v. Chr.) bezeichnete die Frau als einen »zeugungsunfähigen Mann«. Thomas von Aquin schließt sich dieser Verleumdung an und plappert munter nach, »das Weib sei etwas Mangelhaftes.«[100]

Für mich ist es kein Wunder, daß nach dieser jahrtausendelangen Diskriminierung des Weiblichen, auch der astrologische Mond, der bisher als dessen Repräsentant galt, allein schon aus diesem Grund fehlinterpretiert wurde. Wenn wir ihn jetzt von der Rolle befreien, das weibliche Prinzip verkörpern zu müssen, und das Kind ebenfalls im Licht eines neuen Bewußtseins betrachten, könnten wir vieles erhellen, was bisher im Dunklen lag.

In uralten Erd-Ritualen spielt der Mond eine große Rolle. Die Rituale werden bei Vollmond oder Neumond praktiziert, je nachdem, welche Energie genutzt werden soll. Diese Beziehung zum Mond verdeutlicht den Aspekt des Mondes, schöpferische Energie zu kanalisieren, die auf die Erde oder in eine irdische Form gebracht werden soll.

Das Kind (dem astrologisch der *Mond* zugeordnet wird) wächst entweder zum Mann oder zur Frau heran und durchläuft dann ebenfalls den Prozeß der Transformation, der in der

Verschmelzung der beiden Pole, der männlichen und weiblichen Energie, mündet. Dies verkörpert das Symbol des Mondes, dessen Verwandlung (wechselnde Mondphasen) von Erde und Sonne abhängt und immer im direkten Zusammenhang mit beiden geschieht. So steht beispielsweise bei Vollmond die Sonne dem Mond genau gegenüber (astrologisch: in *Opposition*), bei Neumond steht die Sonne direkt hinter dem Mond (astrologisch: in *Konjunktion*).

In diesem Sinne *reagiert* der Mond auf beide Energien, männliche und weibliche, und reflektiert den schöpferischen Prozeß von Verschmelzung zur Ganzheit und Aufspaltung in der Getrenntheit.

Wenn wir berücksichtigen, daß Sonne und Erde im Horoskop immer in einer Opposition stehen, bildet der Mond bei Vollmond, wenn er in Opposition zur Sonne steht, gleichzeitig eine Konjunktion mit der Erde. Umgekehrt ergibt sich bei Neumond, wenn er eine Konjunktion mit der Sonne eingeht, gleichzeitig eine Opposition zur Erde. Der Mond verschmilzt also einmal mit dem männlichen, ein andermal mit dem weiblichen Pol, wobei er den Pol in Opposition jeweils (als das zur Ganzheit Fehlende) spiegelt.

Dieses Phänomen erklärt auch, warum Säuglinge noch nicht zwischen Vater und Mutter unterscheiden. Sie reagieren auf beide Elternteile gleich. Es macht uns auch klar, warum Vater und Mutter für das Kind gleich wichtig sind. Das Kind braucht beide Pole als Spiegel, um die männlichen und weiblichen Energien in sich zu entdecken und zu entfalten. Es muß einmal mit dem einen Teil verschmelzen, um sich in dem anderen zu spiegeln, dann wieder mit dem anderen. Auf diese Weise werden ihm beide Energien bewußt und es kann sich für beide öffnen.

Mond und *Sonne* stehen als Herrscher der Tierkreiszeichen *Krebs* und *Löwe* als viertes und fünftes Zeichen im zweiten Quadranten des Urtierkreises. Der Dritte in diesem Dreierbund ist das Tierkreiszeichen *Jungfrau*. Wenn wir diesem Zeichen nun die *Erde* als herrschenden Planeten zuordnen, hätten wir im einfachsten Sinne das Kind (*Mond*), den Vater (*Sonne*) und die Mutter (*Erde*) nebeneinander stehen. Wir hätten den fruchtbaren Samen (*Mond*), die Befruchtung des Samens (*Sonne*) und das Heranreifen des Samens (*Erde*) zur eigenständigen Frucht.

Damit erschafft die Zwei ein neues, getrenntes (entweder männliches oder weibliches) Geschöpf, das auf den Weg zur Ganzheit, zur Verschmelzung mit dem anderen Pol in die Welt entlassen wird. Dort begegnet es dem *Du,* was im Zodiak durch das an das sechste Haus (Jungfrau) anschließende siebte Haus (Waage) symbolisiert wird, das den Du-Raum einleitet (auch *Deszendent* genannt).

Auf die in der Astrologie gebräuchlichen Elemente übertragen, befruchtet das *Feuer* der Zeugungskraft die fruchtbare (fruchtgebende, gebärfähige) *Erde* und entläßt ein neues Lebewesen, das sich in ständiger Wandlung und im Wachstum befindet (*Wasser*), in die Welt (*Luft*). Dieser kreative Prozeß findet innen und außen statt. Er erschafft uns als Individuum genauso wie unsere individuellen Werke und unsere Kinder. Der Mond, der aus der Synthese von Erde und Sonne entsteht, symbolisiert damit unsere geistigen, künstlerischen und realen Kinder zugleich.

Wenn wir also den Mond neu deuten, ist er der Teil, der sich im Vertrauen auf das sichere Fundament, das ihm Sonne und Erde bieten, fallen lassen kann. Aus diesem, seinem Wesen gemäßen Zustand heraus, kann er sich dem Fluß des Lebens anvertrauen und mit allem, was ihm gegeben ist und was ihm das Leben bietet, spielen und aus seinem inneren schöpferischen Impuls heraus kreieren.

Mit der Sicherheit, eine Erde *und* eine Sonne zu haben, können wir unseren Mond befreien und in einer Weise leben, die uns zuvor nicht möglich war. Wenn wir immer einen Vater und eine Sonne oder eine Mutter und eine Erde an unserer Seite haben, können wir uns spielerisch und leicht von einem Pol zum anderen bewegen und die Synthese zwischen den beiden herstellen. In diesem Fluß des Lebens zu sein, ist gleichbedeutend mit der Heilung unserer inneren Familie.

Zehntes Kapitel

Der Mondknoten als Schnittpunkt der Sonnen- und Mondbahn

(Die Lebensaufgabe und der Lebenssinn)

Die Deutung der Mondknoten ist ein besonderes Thema der Astrologie. Auf einen Nenner gebracht, könnte man sagen, daß sie den karmischen »roten Faden« symbolisieren, den unsere Seele durch die verschiedenen Inkarnationen verfolgt. Der *absteigende* Mondknoten gibt einen Hinweis auf unerledigte Geschäfte aus vergangenen Inkarnationen, der *aufsteigende* weist auf das Ziel hin, das wir in diesem Leben erreichen wollen. Der absteigende Mondknoten zeigt uns das, was wir mitbringen, um es in diesem Leben zu lösen (aufsteigender Mondknoten).

Im Horoskop werden die beiden Mondknoten in gradgenauer Opposition eingetragen. Rechnerisch ergibt sich die Stellung der Mondknoten in den Tierkreiszeichen aus dem Schnittpunkt von Sonnen- und Mondbahn. Die Sonnenbahn (auch *Ekliptik* genannt) und die Mondbahn berühren sich aufgrund ihrer Neigung nur in zwei Punkten. Der Punkt, an dem die Mondbahn nach Norden aufsteigt, wird *aufsteigender Mondknoten* genannt. Gegenüber liegt der *absteigende Mondknoten.*

Wer sich mit dem Thema *Reinkarnation* und der Lehre vom *Karma* beschäftigt hat, wird mir sicherlich zustimmen, daß unser augenblickliches Leben stets mit früheren verquickt ist. So wie auch die Kindheit in diesem Leben bestimmte Wirkungen in unserem Erwachsenenleben hervorruft, spüren wir die Wirkungen aus weit früherer Vergangenheit auch heute. Insofern kann man das gesamte Horoskop entweder im Kontext mit vergangenen Leben deuten oder als eigenständiges »Einzelleben«, in jedem Fall aber so, daß die Seele mit ihm ein neues Experiment in Angriff nimmt.

Da die Ekliptik die scheinbare, das heißt von der Erde aus betrachtete, Sonnenbahn um die Erde darstellt, gibt es einen Schnittpunkt der Umlaufbahn des Mondes um die Erde nur in direktem Zusammenhang mit der Erde. Auch hier scheint das

Trio Sonne, Erde und Mond eine besondere Rolle zu spielen. Die beiden Mondknoten sind vielleicht ein Hinweis auf den Inhalt und das Entwicklungspotential dieser Dreiheit, abgebildet im Thema der Achse, die von den beiden Mondknoten besetzt wird.

Nun werden Sie vielleicht einwenden, das sei ja nichts Neues, und die Berechnung der astrologischen Prinzipien habe immer etwas mit der Erde zu tun. Natürlich haben Sie recht. Warum ich hier auf die Mondknoten eingehen möchte, ergibt sich aus meinen Überlegungen zur Wechselbeziehung zwischen den (astrologischen) Planeten *Sonne, Mond* und *Erde.* Wenn wir die Erde in unsere Betrachtungen mit einbeziehen, erfahren auch die Mondknoten eine Erweiterung.

Interessanterweise findet man die wichtigen Themen, mit denen sich ein Mensch in seinem Leben besonders eindringlich und immer wieder zu beschäftigten scheint, im Erde-Zeichen, dem Tierkreiszeichen also, in dem sich die Erde im Horoskop befindet. Im Bereich dieses Tierkreiszeichens ringt der Betreffende mit einer Aufgabe oder einem Problem, das ihn ganz persönlich berührt und tief betrifft, als wollte er mit dem Licht seines Sonnen-Zeichens die Position erhellen, ausleuchten und bewußt machen, die er im augenblicklichen Leben auf der Erde eingenommen hat, um dort seine irdische Persönlichkeit weiterzuentwickeln. Durch die Erfahrungen, die er mit seiner Erde macht, wächst er und erarbeitet sich ein Potential, das er in diesem Leben integrieren möchte. Die Erde weist auf die Energie hin, mit der er auf dem Weg zur Heilung ein Stück weiterkommen will.

Die Achse, die von den beiden Mondknoten besetzt wird, kann nun im Zusammenhang mit der Achse Sonne-Erde betrachtet werden. Sie zeigt uns die verborgene Absicht und den höheren Sinn, den unsere Seele verfolgt, wenn sie den Fokus unserer Inkarnation auf das Thema der Sonne-Erde-Achse richtet. Als solches geben uns die beiden Mondknoten eine Ahnung von den *Hintergründen unseres Seelenplans* für diese Inkarnation. Die *Achse Sonne-Erde* stellt in diesem Sinne den *Brennpunkt unseres Individuationsprozesses* dar, die *Mondknoten-Achse* das *karmische und evolutionäre Ziel,* für das wir die Errungenschaften auf der Sonne-Erde-Achse einsetzen wollen.

Die zentrale Lebensaufgabe, die wir in unserer Persönlichkeit und durch unsere Handlungen in diesem Leben bearbeiten, stellt sich in der Thematik der Achse Sonne-Erde dar. In der Achse Sonne-Erde verdichtet sich unser Lebensschwerpunkt. Damit stellt diese Achse den Fokus unserer intensiven Bemühungen, Auseinandersetzungen und Lernprozesse dar, mit dem Ziel, mehr Integration zu erlangen und damit ganzer und heiler zu werden.

Den karmischen und evolutionären Sinn für unsere spirituelle Entwicklung finden wir in den beiden Mondknoten wieder. Es scheint, als würden wir die Erfahrungen, die wir aus der Gesamtheit unserer Planetenkonstellationen sammeln, in der Sonne geistig und in der Erde körperlich und materiell integrieren und umsetzen. Unsere Errungenschaften, die sich in unserer Persönlichkeit und unseren inneren und äußeren Aktivitäten zeigen, sind sozusagen das sinnvolle Karma, das wir in diesem Leben schaffen, ausgedrückt durch Sonne und Erde.

An dieser Stelle möchte ich darauf hinweisen, daß ich mit dem Begriff Karma weder Schuld noch Strafe verbinde. Karma besagt nichts weiter, als daß es ein bestimmtes »Ergebnis« ist, das wir aufgrund von Erfahrungen erzielt haben. Wenn ich beispielsweise in mehreren Leben die Rolle des Opfers erfahren habe, ist mein aktuelles Karma nichts anderes, als mich mit der Thematik »Opfer-Täter« auseinanderzusetzen und in diesem Bereich bewußter zu werden. Alle Interpretationen, die uns vormachen, wir seien schuld, daß wir Opfer waren, weil wir irgendwann einmal selbst Täter waren und uns Schuld aufgeladen hätten, die wir nun abtragen müssen, sind naive Vorstellungen von linearen, kausalen Zusammenhängen und äußerst fragwürdig. Man bedenke auch, daß Zeit nur in unserer dreidimensionalen Realität existiert. Die verschiedenen Inkarnationen können daher auch als »gleichzeitige Leben« betrachtet werden. Karma hat nichts anderes als Bewußtwerdung und spirituelle Entwicklung zum Ziel. Das sogenannte Böse überwindet man nicht durch Taschenspielertricks wie Buße oder Ablaß, sondern dadurch, daß immer mehr Schatten ins Licht gehoben und im Licht des Bewußtseins als geläuterte, reine, kreative Energie integriert und in den Kreislauf der Schöpfung zurückgeführt werden.

Die Mondknoten zeigen uns, welchen Hintergrund dieses Karma oder »Resultat aus verschiedenen Erfahrungen« hat, und welche Absicht den Aufgaben, die wir zu meistern haben, zugrunde liegt. Alles zusammen kann uns Einblick in den Weg verschaffen, den unsere Seele sich in dieser Inkarnation vorgenommen hat.

Deshalb liegt Erfüllung und ein Gefühl der Erfülltheit darin, wenn wir die Energien von Sonne *und* Erde in uns wecken. Wenn wir uns in dieser Lebendigkeit dem Thema unserer Mondknoten zuwenden, stellt sich die Gewißheit ein, so zu leben, wie es von unserer Seele geplant ist. Dann eröffnet sich uns das Gefühl, daß wir in unserem So-Sein hier und jetzt einen Sinn auf Erden haben.

Elftes Kapitel

Chiron, Lilith und Erde

Dieses Kapitel handelt von dem Zusammenhang zwischen der Erde als astrologischem Planeten und dem 1977 entdeckten Kleinstplaneten Chiron, sowie dem von manchen Astrologen verwendeten und als Lilith bekannten Punkt (definiert als zweiter Brennpunkt der elliptischen Mondumlaufbahn um die Erde). Wer mit Chiron und Lilith bereits vertraut ist, weiß, daß Chiron als schamanischer Heiler interpretiert und Lilith, der Schwarze Mond, mit den Attributen der wilden, matriarchalen Göttinnen in Verbindung gebracht wird. Somit stoßen wir auf ein paar zunächst verwirrende Parallelen zur Erde.

Um diese Fragen zu erhellen, betrachten wir als erstes Chiron etwas näher. Astronomisch gesehen ist Chiron ein Planetoid, da sein Durchmesser schätzungsweise nur 100 bis 400 Kilometer beträgt. Im Vergleich dazu hat Pluto einen etwa zehnmal größeren Durchmesser. Pluto ist allerdings der kleinste Planet unseres Sonnensystems, fällt jedoch durch eine enorm große Dichte auf. Wenn man berücksichtigt, daß der Erddurchmesser 12.742 Kilometer beträgt und der des Jupiter sogar 142.800 Kilometer, gewinnt man eine Vorstellung von den Größenordnungen der Planeten.

Charles T. Kowal entdeckte Chiron am 1. November 1977 in Pasadena, Kalifornien, auf einer Umlaufbahn zwischen Saturn und Uranus. Chirons Umlaufbahn ist noch stärker elliptisch als Plutos Bahn. Diese Eigenart ist auch für die Tatsache verantwortlich, daß Chiron die Saturn-Bahn kreuzt und zum Zeitpunkt seiner größten Sonnennähe der Erde näher kommt als dies Saturn jemals möglich ist. Chiron steht also zu bestimmten Zeitpunkten zwischen Jupiter und Saturn.

Diese Eigenart veranlaßte die Astrologen zu ersten Interpretationen. Zane Stein beispielsweise sieht in Chiron einen Mittler, ein Bindeglied, ein Schlupfloch zwischen zwei Systemen oder einen Wendepunkt.[101] Diese Deutung ist im Zusammenhang mit den Betrachtungen von Melanie Reinhart über Chiron und schließlich im Hinblick auf die Einbeziehung der Erde ins Horoskop interessant. Wir werden später darauf zurückkommen.

Melanie Reinhart interpretiert Chiron als das archetypische Bild des verletzten Heilers. Ihrer Ansicht nach »ist dieses Bild als Reaktion auf die Situation auf unserem Erdball aufgetaucht.«[102] Auch hier klingt bereits an, daß das Auftauchen Chirons etwas mit der Erde als unserem Heimatplaneten und seiner Verletzung und zunehmenden Zerstörung zu tun hat.

Das mythologische Bild für Chiron ist der Zentaur, ein Wesen halb Mensch, halb Pferd, was zu der Annahme führte, Chiron stehe mit der Instinktnatur des Menschen in Verbindung: »... wir denken an ungezügelte Vitalität und instinktive Energie, an eine wilde, aber nicht unzähmbare Libido.«[103] Damit wird die Brücke zur Instinktnatur der wilden Urmutter oder der Wolfsfrau geschlagen: »In den Horoskopen von Frauen zeigt Chiron..., wo und wie ihre instinktive Natur verletzt oder verletzend ist.«[104]

Meiner Ansicht nach sind all die neuen Faktoren, die augenblicklich in die Astrologie aufgenommen werden, ein Hinweis darauf, daß sich viele Menschen bereits über die bisherige Art der astrologischen Deutungen hinausentwickelt haben. Die »neuen« Planeten und fiktiven Punkte sprengen den Rahmen der »alten« Astrologie. Wenn wir versuchen, sie in das traditionelle System einzugliedern, werden wir feststellen, daß wir aus den alten Kleidern herausgewachsen sind.

Für mich sind die Einsichten, die Astrologen wie Joelle de Gravelaine in die Symbolik von Lilith und Melanie Reinhart in das Wesen von Chiron gewonnen haben, ein Beispiel für die anstehende Erweiterung der Astrologie. Tatsächlich fehlte die Grosse Göttin in ihrer wilden Gestalt sowohl in unserem äußeren als auch inneren Leben, weshalb viele Menschen Seelenhunger leiden.

Seit einigen Jahren taucht die Grosse Göttin in der Literatur in vielerlei Gestalt auf, so auch als die Wolfsfrau oder (astrologische) Lilith.

Die Bestrebungen, die Grosse Göttin wieder zu intergrieren,

zeigen den Drang nach Ganzwerdung und Heilung durch die Bewußtmachung der Wunde, die durch das Fehlen der Göttin entstand. Diesen Drang nach Heilung verkörpert Chiron. Seine Rolle ist die eines Erweckers, der seinen Finger in die Wunde legt und uns auf diese Weise spüren läßt, wo es wehtut. Chiron gibt uns den heilsamen Impuls.

Im Zusammenhang mit der Erde ist es sehr aufschlußreich, daß Chirons ursprüngliche Verletzung durch den Verlust seiner Mutter hervorgerufen wurde. »Er wurde von der Mutter verstossen und lernte wahrscheinlich nie seinen Vater Chronos kennen. Er wurde gezeugt, als seine Eltern die Gestalt von Tieren angenommen hatten und sich instinktiv vereinigten.... Philyra wies das Produkt ihrer eigenen instinktiven Seite zurück und zog es vor, auf ewig in der Gestalt eines Baumes gefangen zu sein.«[105]

Hier finden wir bereits einen Hinweis auf die Getrenntheit von der Urmutter, der Erde. Und, als logische Folge, bleibt Chiron auch der Vater (Sonne), den er für die Entwicklung des erwachsenen, reifen Mannes als Vorbild verinnerlichen müßte, ein Leben lang fremd. »Die Verletzung, die durch abgewiesene Instinkte entsteht, haben viele Menschen in unserer Gesellschaft gemeinsam.... Die Einsamkeit und Isolation, die aus dieser Kombination einer negativen, abweisenden Mutter und eines abwesenden oder schwachen Vaters herrührt, ist ein verbreitetes psychologisches Thema unserer Zeit.«[106] Chiron gibt uns einen deutlichen Hinweis, uns mit dem Thema Erde – Sonne auseinanderzusetzen. (Siehe Kapitel 6: »Die Opposition Sonne – Erde« auf Seite 84.)

Interessant ist auch Chirons Position zwischen Saturn und Uranus. Bildlich gesprochen, erinnert er an ein Trittbrett, an eine Brücke oder ein Bindeglied zwischen der Form, die wir unserem Leben bisher gegeben haben (Saturn), und der transzendenten Welt jenseits von Saturn, die uns aus dem zu eng gewordenen Korsett befreit, wenn wir daraus ausbrechen, uns aber auch mit dem Großen Unbekannten jenseits der uns vertrauten, sichtbaren Realität konfrontiert.

Wenn wir uns daran erinnern, daß die Schamanen in beiden (oder vielen) Welten gleichzeitig leben und sich in diesseitigen und jenseitigen Gefilden bewegen, können wir in Chiron, der sowohl vor (genauer gesagt, zwischen Jupiter und Saturn) als auch hinter (genauer gesagt, zwischen Saturn und Uranus) Saturn stehen kann, tatsächlich schamanische Züge entdecken. Sicherlich transportiert er auch die Informationen, die er von den Geistern im Reich des Uranus bezieht, in die Welt Jupiters und erweitert dort auch den diesseitigen Horizont. Damit werden Saturns Grenzen durchlässiger, flexibler und weiter.

Wenn wir berücksichtigen, daß Saturn und sein Zeichen, der Steinbock, auch mit der Einweihung verbunden sind, der Stufe der menschlichen Entwicklung also, wo sich der Adept auf den Weg in die tiefen Mysterien begibt, wo er entdeckt, daß er auf der Suche nach der göttlichen Wahrheit in immer neue Dimensionen vordringen muß und sich diesem Weg und dieser Schule mit Disziplin und Ernsthaftigkeit hingibt, erkennen wir in Chiron auch den Schritt zur Erhöhung des Saturn. Saturn wird gewandelt. Aus dem alten entsteht der neue Saturn, wenn wir die Entscheidung getroffen haben, uns für die spirituellen Dimensionen des Lebens zu öffnen.

Besonders in der Konjunktion mit anderen Planeten scheint Chiron diese Funktion als Triebfeder zu erfüllen. »Es besteht der Wunsch, die Planetenprinzipien (in Konjunktion mit Chiron; Anm. d. Verf.) zum Öffnen der Pforten in neue Welten zu verwenden, und zwar sowohl für sich selber, als auch für andere.«[107]

Chiron scheint die Rolle des Helfers zu erfüllen, sich über Saturn hinauszuwagen. Saturn ist die Grenze, an der wir scheitern, halt machen und umkehren können, oder die wir mutig überschreiten und erweitern können, bis wir an die nächste Grenze stoßen, wo wir vor derselben Entscheidung stehen. Saturn ist daher nicht die einzige Grenze, wenn wir ihn nicht mehr darauf reduzieren. Saturn ist die Grenze der Welt, die an die nächste Welt grenzt, die wiederum in die nächste übergeht in der unfaßbaren Multidimensionalität des Universums.

In der Quantenphysik gibt es die Vorstellung von sogenannten Wurmlöchern im Superraum, die verschiedene Gebiete oder Punkte im Raum miteinander verbinden. »Viele Autoren haben darauf hingewiesen, daß die Existenz von derartigen Wurmlöchern in der Raum-Zeit uns dazu zwingt, jede Geographie und Epoche im Universum als ›nicht lokalisiert‹ oder direkt verbunden mit jedem anderen geographischen Ort und jeder anderen geschichtlichen Epoche zu betrachten.«[108]

Diese Vorstellung von der gleichzeitigen Allverbundenheit im Universum, geschaffen durch die Wurmlöcher, erhellt die Symbolik Chirons. Er erinnert mich dabei an das geflügelte Wunderpferd Pegasus, das den menschlichen Geist beflügelt und in unbekannte Welten reisen läßt. Pegasus war der Lieblingssohn von Poseidon, dem Gott der Meere und der Pferde und Freund der Kentauren.

Die Schamanen rufen den Adler, den göttlichen Donnervogel, für ihren Schamanenflug, um mit anderen Welten und Wesenheiten in Verbindung zu treten. Der indische Gott Vishnu reitet auf dem Wundervogel Garuda durch die endlosen Weiten des Alls, um die Geheimnisse des Universums zu ergründen. Diesen Wundervogel finden wir in der gesamten orientalischen Mythologie als das Tier, auf dem die Helden durch die Himmel reiten und auf diese Weise einen Überblick über das Geschehen auf der Erde und die großen Zusammenhänge erhalten.

Chiron ist, rein astronomisch gesehen, zu klein, um die große Aufgabe eines Heilers zu verkörpern. Wie bereits gesagt, ist auch Pluto ein vergleichsweise kleiner Planet, der aufgrund seiner großen Dichte jedoch eine enorme Intensivierung erfährt.

Natürlich gehen wir nicht von einer physikalisch meßbaren Energie der Planeten aus, weshalb die physikalische Größe eines Planeten für die astrologische Deutung prinzipiell keine Rolle spielt. Die Wirkung eines Planeten als Energie im menschlichen Mikrokosmos hängt nicht von seiner Größe ab. Meinen Quellen zufolge ist Chiron in der Planetenhierarchie nicht weniger wirkungsvoll, und sein Einfluß ist genauso groß wie der anderer Planeten. Die Rolle, die er augenblicklich in Hinsicht auf die Heilung des Menschen und seines Heimatplaneten spielt, ist von solch entscheidender Bedeutung, daß man geneigt ist, ihn als den Heiler schlechthin anzusehen. Damit überschätzt man Chiron jedoch und läuft Gefahr, unangemessene Heilserwartungen in ihn hineinzuprojizieren. Rufen wir Chiron lieber als unseren Wundervogel, damit er uns auf der Reise des Schamanen durch die Welten trägt. In diese Aufgabe wird er lebbar und spürbar.

Chiron ist ein Mittler, ähnlich wie Merkur, der geflügelte Götterbote, der das Denken schult und dem Menschen Intelligenz verleiht, die Voraussetzung, um sich in die geistigen Höhen der Götter aufzuschwingen. Chiron ist der Mittler zwischen den Welten und den Wesenheiten, deren Fehlen uns unheil oder krank macht. Damit ist auch er eine Voraussetzung, in diesem Fall, um zur Heilung zu gelangen. In letzter Konsequenz ist er auch die Vorbedingung und notwendige Stufe zu einem »neuen«, ganzheitlichen und heilen Menschen.

In diesem Kontext stehen auch die mit seiner Entdeckung synchronen Tendenzen zu den verschiedensten geistigen und physischen, alternativen und ganzheitlichen Heilmethoden, Therapien und Techniken für das Persönlichkeitswachstum, die in den achtziger Jahren einen Boom erlebten. Mit Chiron verlassen wir die alten Geleise der saturnischen Gefilde und dringen in die transsaturnische Welt vor, wo uns Uranus, Neptun und Pluto erwarten. Mit Chiron bringen wir die Schätze, mit denen wir in deren Reich gesegnet wurden, zurück in die Welt der sichtbaren Form und erschaffen damit einen neuen Saturn.

In Bezug auf Krankheit stellen wir eine neue Ordnung in unserem menschlichen Organismus her, wiederum repräsentiert von Saturn. So gesehen, ist Chiron am Heilungsprozeß beteiligt. Doch Heilung geschieht auf anderen Ebenen, und jeder Planet trägt zur Heilung bei, indem seine Energien erlöst, befreit und integriert werden. Heilung ist kein Akt eines einzelnen, sondern ein Zusammenspiel aller Kräfte.

Wer Chiron entwickelt und sich für seine Energien öffnet, schlägt den höheren Pfad ein, der letztlich immer ein Weg zur Heilung ist. (Siehe Kapitel 7: »Die Bedeutung der Achse Jungfrau – Fische« auf Seite 99.)

Was die Große und Wilde Göttin und die mit ihr verbundene freie, wilde Urnatur betrifft, ist sie weder bei Chiron noch bei Lilith zu finden. Allein die Erde mit ihrer großartigen Natur spiegelt uns in ihren gewaltigen Naturschauspielen und ihren Lebewesen, die noch nicht vom Menschen unterjocht wurden, das Wesen der Wilden Göttin. Sie in anderen Planeten zu vermuten, ist eine Suche am falschen Ort, und das Ziel unserer Suche liegt direkt vor unseren Augen, wenn wir sie nur öffnen und »sehen«.

Lilith ist sicherlich ein Teilaspekt, der wilde, als dunkel bezeichnete Aspekt der Großen Göttin. Sie ist die feurige Durga, deren gewalttätiger Aspekt, Kali, gegen die Dämonen in den Krieg zog und sie besiegte. Kali entsprang Durgas vor Zorn gefurchter Stirn. Sie wurde von Durga erschaffen.

Lilith ist ein Punkt auf der Mondbahn in Beziehung zur Erde. Als solches ist sie ein Produkt des Menschen, etwas Menschengemachtes, und eben kein »Produkt« der Schöpfung wie ein Planet. Allem Menschengemachten haftet die Projektion an, das noch im Schatten Liegende, die Illusion.

Sicherlich haben die Ausführungen über Lilith ihre Gültigkeit, denn, wie gesagt, beinhalten sie die Suche nach einem fehlenden Teil und beschreiben ihn als solchen. Doch in bezug auf den wahren fehlenden Teil – die weibliche Urnatur – müssen wir diese Erläuterungen in einen Zusammenhang mit der Erde bringen.

Lilith wird als radikaler Aspekt der weiblichen Energie beschrieben, die sich in der »Ausführung des Urteils« und dem »Niedersausen des Messers der Guillotine«[109] manifestieren soll. Man liest über Opfer, Schuld und Rache, über Dämonen und Schwerter, Messer, Dolche, über Mord und Selbstmord, Tod, Loslassen, Satori und Wandlung, was häufig Verwirrung stiftet, zumal diese Schatten auch mit Saturn oder Pluto assoziiert werden. Manche Abhandlungen über Lilith lesen sich so, als handle es sich um eine amoklaufende, männerkastrierende Feministin, die aber letztlich Gutes bewirkt, weil sie das Patriarchat bestraft und für ausgleichende Gerechtigkeit sorgt. Ähnlich der Göttin Kali, die in Durgas Auftrag die Dämonen besiegt, um den Frieden auf der Welt wiederherzustellen.

Aber man muß die ganze Geschichte von Kali und Durga in ihrer vollständigen Version kennen, um der Wahrheit etwas näher zu kommen. Ich gebe sie hier auf das Wesentliche gestrafft wieder:

Durga erschafft aus sich Kali, damit diese für sie die Dämonen besiegt. Kali gelingt dies. Sie bringt Durga die abgeschlagenen Köpfe der beiden Dämonen Canda und Munda, doch die beiden stärksten Dämonen, Shumba und Nisumbha muß Durga selbst töten. Durga besiegt Nishumbha. Doch dessen Bruder, Sumbha, konfrontiert Durga nun mit dem bitteren

Vorwurf, sie würde die Kraft anderer benutzen und sei nur deshalb so stark. Damit spielt er auf Kali an, die für Durga gekämpft hat.

Durga reagiert auf die Anschuldigung, indem sie »die vielfältigen Formen der weiblichen Gottheiten in ihre nährenden Brüste und ihren fruchtbaren Leib zurücknimmt, und damit die Kraft des Schützens und der Erhaltung ausübt, ohne die sie nicht weiblich wäre. Sie erwidert: ›Nun habe ich die vielen Formen, die ich aus meinen eigenen Kräften heraus erschaffen habe, wieder in mir vereint. Hier stehe ich allein. Nun kämpfe wie ein Held mit mir.‹ «[110]

Durga besiegt den Dämon in einer letzten Schlacht, in der sie wieder die »All-eine« Göttin ist, die alle Aspekte des Weiblichen in sich vereint hat. Nun ist sie wieder in die eine Devi, die eine Große Mutter, eingegangen, die in der indischen Göttermythologie in unzähligen Erscheinungsformen und mit einer verwirrenden Vielzahl von Namen auftaucht.

Weder Kali noch Durga sind die Devi, die All-eine Göttin. Sie sind Emanationen der All-einen Göttin. Weder Lilith noch die Erde sind die All-eine Göttin, sondern auch sie sind Manifestationen einer bestimmten Form des weiblichen Göttlichen, so wie letztlich alle Formen, ob weiblich oder männlich, Tier oder Mensch oder jedes andere Wesen, eine Manifestation des Schöpferprinzips sind, dessen Wahrheit nicht benannt werden kann.

Da die astrologischen Planeten auch als Projektionsfläche dienen, auf die die Menschen ihre abgespaltenen und verdrängten psychischen Energien übertragen, verhilft uns Lilith sicherlich zu einigen aufschlußreichen Erkenntnissen. Vielleicht bezeichnet der Punkt Lilith die Art, wie sich der spezielle Schatten ausdrückt, der durch die Unterdrückung der weiblichen Instinktnatur (Erde) entstanden ist.

»Wenn weite Teile der Psyche unterdrückt werden, beginnt man über kurz oder lang ein Doppelleben zu führen und heimlich zu tun, was nicht offen zur Schau gestellt werden kann. Die Verdrängung negativer, aber ebenso auch positiver Instinkte, Triebe und Gefühle in den Bereich des Unbewußten führt nicht etwa zu einer Vernichtung dieser Energien, sondern... zur Erzeugung einer Schattenwelt in der Psyche.... Wenn eine schöpferische Kraft ... unterdrückt wird, dann wird der natürliche Energiefluß unterirdisch umgeleitet und sucht sich eine andere Stelle, an der er hervorsprudeln kann.«[111]

Ich denke, daß Lilith ein solcher Schattenaspekt der unterdrückten Erde ist. Sie zeugt davon, wieviel (gesunde und verständliche) Wut sich in uns aufgestaut hat, die, wenn wir sie als neutrale Aggressionskraft einsetzen, für die Befreiung der wilden Urnatur eingesetzt werden kann.

Die wahre Lilith ist jedoch, wie Isis, Trägerin der Energien der Erde. Wie bereits erwähnt, war Lilith eine der jungfräulichen Gottheiten in atlantischer Zeit und als solche eine Verkörperung des uralten Mutterprinzips.

Der »Punkt« Lilith wird der wahren Gestalt der Lilith, so wie sie in der Mythologie erscheint, nicht gerecht. Aus diesem Grund stiftet es natürlich erneute Verwirrung, wenn wir Lilith in den Schwarzen Mond hineininterpretieren. Der Klarheit halber müßte man Lilith wieder in Verbindung mit der Erde bringen, und den Punkt, der in der Astrologie inzwischen »Lilith« genannt wird, als Schwarzer Mond bezeichnen. Damit dürfte der Verwirrung und irreführenden Vermischung der Begriffe zumindest in dieser Hinsicht Einhalt geboten sein.

Der Schwarze Mond ist eine Manifestation von unterdrückten Lilith/Erde-Kräften. Er zeigt, welche unterirdischen Bahnen sich die verschüttete Quelle der wilden Urnatur gesucht hat, um an anderer Stelle hervorzusprudeln. Im übertragenen Sinne könnte man ihn am ehesten mit der aus der zorngefurchten Stirn der Durga (oder astrologisch: der Erde) entstandenen Kali vergleichen, die für Durga (astrologisch: für die Erde) in den Kampf gegen ihre Unterdrücker zieht.

Hier schließt sich nun wieder ein Kreis: Chiron legt den Finger in die Wunde und bringt sie damit in die Sichtbarkeit. Der Schwarze Mond wirft Licht auf den Schatten und macht wiederum dieselbe Wunde sichtbar. Und die Wunde ist in beiden Fällen die verletzte Erde, die menschliche Verwundung, solange wir sie abgespalten haben und von der All-einen Göttin getrennt sind.

Wenn wir uns unsere Wunde bewußt machen und mit Chirons Hilfe nach Heilung streben, müssen wir uns der Erde zuwenden.

Wenn wir Lilith mit Hilfe des Schwarzen Mondes aus der Schattenwelt befreien wollen, müssen wir uns ebenfalls mit der Erde beschäftigen.

In beiden Fällen ist die Erde das »missing link«, das fehlende Glied auf dem Weg zur Heilung und Erlösung (womit wir wieder bei der Achse Jungfrau-Fische im Veränderlichen Kreuz angekommen wären). Erst die Erde verleiht der Symbolik Chirons und des Schwarzen Mondes ihren tieferen Sinn.

Zwölftes Kapitel

Beispiele für die Bedeutung der Erde im Horoskop

Ich glaube, daß die *Erde* in vieler Hinsicht das »missing link«, der blinde Fleck oder das fehlende Glied in der Horoskopdeutung ist, das Licht in viele offene Fragen bringen kann. Zur praktischen Umsetzung und Veranschaulichung meiner bisherigen Ausführungen habe ich mir Horoskope berühmter Persönlichkeiten ausgesucht, wobei ich den Akzent vor allem auf die Deutung und Bedeutung der Erde gelegt habe.

Barbra Streisand

Die Schauspielerin und Sängerin *Barbra Streisand* wurde am 24. 04. 1942 in Brooklyn/New York mit einer *Stier-Sonne* geboren. Je reifer ihre Persönlichkeit wurde, umso mehr fiel auf, daß sie sich immer mehr mit Skorpion-Themen beschäftigte, was besonders in ihrem Film »Nuts – Durchgedreht« zum Ausdruck kommt, wo sie in der Rolle eines Inzest-Opfers brilliert. Sie demonstriert diese Verletzung, das verwundete Kind, das sich in der *Konjunktion Mond/Chiron im Löwen* spiegelt, und als Konjunktion vehement nach sichtbarem Ausdruck verlangt.

Barbra Streisands *Erde* befindet sich im *Skorpion* am Ende des *siebten Hauses,* und deutet auf ein Inzest-Thema hin, das sie persönlich sehr bewegt. Dort möchte sie in diesem Leben einen Schatten integrieren und heilen.

In ihrem *aufsteigenden Mondknoten in der Jungfrau* (Mondknoten-Achse Jungfrau-Fische) greift sie ebenfalls das Thema Heilung auf, noch dazu im *sechsten Haus,* das von der Jungfrau beherrscht wird. Buchstäblich könnte man sagen, sie arbeitet mit ihrem Fokus, sie stellt sich damit wiederum in den Dienst anderer, um eine breite Wirkung zu erzielen. Nicht von ungefähr finden wir im sechsten Haus auch noch *Neptun,* und nicht von

Radix

Barbra Streisand

24.4.1942, 5:08 EST/S, 9:08 GMT
Brooklyn/NY/USA, 73W55, 40N45
Häuser nach GOH / KOCH
Quelle:A, Internationales Horoskope-Lexikon (IHL Taeger)

ungefähr ist Barbra Streisand für ihre zentralen Themen so engagiert, daß sie inzwischen selbst Film-Produzentin geworden ist.

Auch die *Venus* im zwölften Haus in den *Fischen,* die sich *in Konjunktion mit dem absteigenden Mondknoten* befindet, fügt sich nahtlos in das Gesamtbild. Hier zeigt sich, daß die sexuelle Frau in ihr betroffen ist, das Thema bereits mitbringt und aufgreifen will. Auch die *Pluto-Chiron-Mond-Konjunktion im Löwen* zeigt, daß ihr inneres Kind mit einem Skorpion-Thema konfrontiert ist.

Die *Sonne im Stier* allein macht nicht ausreichend klar, auf welchen Brennpunkt im Leben sich Barbra Streisands Wachstumsprozeß richtet und welches höhere Ziel sich ihre Seele für diese Inkarnation gesteckt hat, auch nicht die Kombination mit den übrigen Planeten ihres Horoskops.

Die *Erde im Skorpion* hingegen ist der beste Hinweis darauf, welches Problem sie lösen, transformieren und heilen will. Erst dadurch wird auch die Stier-Sonne klar, die sie als ausgleichenden Pol in der Achse Stier-Skorpion braucht, um zur Integration zu gelangen.

Mit der *Sonne im Stier* als einem Venus-Zeichen kommt in Barbra Streisand eine Frau ans Licht, die den Typ der »wilden«, freien Frau repräsentiert, die im Vollbesitz ihrer transformierenden Schöpferkraft (*Erde im Skorpion*) ist.

Cher

Die amerikanische Sängerin und Schauspielerin *Cher* wurde am 20. 05. 1946 in El Centro/Kalifornien ebenfalls mit einer *Stier-Sonne* im *elften Haus* geboren. Demnach können wir ihre *Erde im Skorpion* im *fünften Haus* ansiedeln, ein Zeichen und Haus, das in ihrem Horoskop ansonsten unbesetzt ist. Eine weitere Parallele mit dem Horoskop von Barbra Streisand finden wir in Chers *Venus,* die sich auch im *zwölften Haus* und in einer Konjunktion mit einem der beiden Mondknoten befindet, in diesem Fall dem aufsteigenden.

Wenn man bedenkt, wie häufig Cher an ihrem äußeren Erscheinungbild und ihrem Image (*Löwe und fünftes Haus*) herum-

Radix

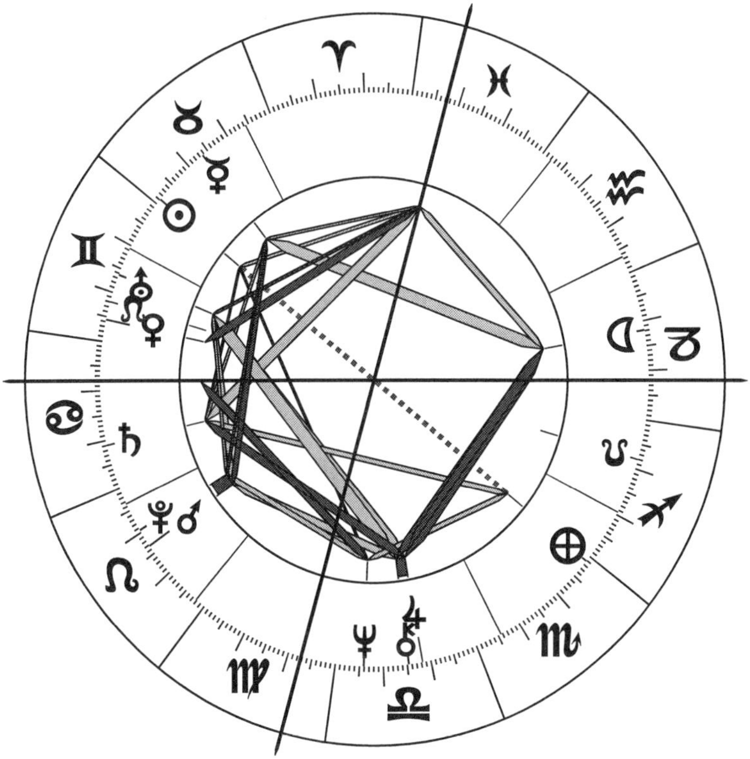

Cher

20.5.1946, 7:25 PST, 15:25 GMT
El Centro/CAL, 115W34, 32N47
Häuser nach GOH / KOCH
Quelle:A, Kelly Quinn, Geburtsurkunde

operiert, indem sie immer wieder unzählige Schönheitsoperationen an sich vornehmen läßt (*Skorpion*) und sich besonders aufreizend und sexy in der Öffentlichkeit präsentiert, das heißt, ihre Sexualität (Skorpion) benutzt, um etwas aus sich zu machen (fünftes Haus), scheint die Stellung ihrer *Skorpion-Erde* wie maßgeschneidert für sie.

Wenn man die *Stier-Sonne* im elften Haus hinzunimmt und berücksichtigt, daß Stier von Venus beherrscht wird, und Chers *Venus in Konjunktion mit Uranus und dem Mondknoten in den Zwillingen im zwölften Haus* betrachtet, ergibt ihr beinahe zwanghaftes Interesse, mit ihrem Frau-Sein aufzufallen, trotzdem erst dann einen Sinn, wenn man die *Erde im Skorpion* miteinbezieht. *Venus im zwölften Haus* allein ließe sie nicht danach streben, dauernd im Rampenlicht zu stehen, sich so auffällig in Szene zu setzen und ihre nackte Haut so freizügig zur Schau zu stellen. Da könnten wir schon eher die *Mars-Pluto-Konjunktion im zweiten Haus* dafür verantwortlich machen, die sicherlich sehr intensiv mit dem Aufbau ihres Selbstwerts verbunden ist.

Aber Cher macht wahrhaftig einen Persönlichkeitskult aus ihrem extravaganten Image, verwandelt und erschafft sich ständig neu und bemüht sich um eine magische Ausstrahlungskraft, und das sind Themen eines *Skorpions im fünften Haus*. Der Finger in der Wunde, der ihre Verletztheit an die Oberfläche bringt, zeigt sich in der *Konjunktion von Chiron und Jupiter in der Waage im vierten Haus*. Dort verletzt er Chers Gefühl von Zugehörigkeit und veranlaßt sie, Beziehungen zu idealisieren, was zwangsläufig zu Enttäuschungen führen muß.

Deshalb ist ihr »wunder Punkt«, sich als Frau auf eine Beziehung einzulassen. Vielleicht mußte sie sehr unter destruktiven Beziehungen leiden und versteckt sich hinter den unterschiedlichsten Masken, in denen sie aber doch wieder als Frau gefallen möchte.

Das Thema *Löwe* und *Pluto*, der ja Herrscher des Zeichens *Skorpion* ist, wird durch die *Erde im fünften Haus* (Zuordnung im Urtierkreis: Löwe) *im Skorpion* in Chers Horoskop noch einmal aufgenommen und verstärkt. Wenn man jedoch berücksichtigt, daß die Erde der Schatten der Sonne ist, erklärt dies, warum Cher ihren Körper, den sie operieren und dekorieren läßt, als lebendes Kunstwerk ins Zentrum ihrer Aktivitäten stellt.

Die Aura der unnahbaren, geheimnisvollen Schönheit verleiht ihr die Venus im zwölften Haus. So wirkt Cher bisweilen auch wie ein Wesen aus einer anderen Welt, eine schillernde Prinzessin aus Tausendundeine-Nacht. Aber in ihrer Entrücktheit von der Welt kreist sie scheinbar um sich selbst, als stünde die aus dem Rahmen fallende Wirkung und Verwirklichung ihrer Persönlichkeit im Mittelpunkt ihres Interesses, wofür sie fast unbarmherzig kämpft, was wiederum der Achse *Skorpion-Erde/fünftes Haus* und der *Stier-Sonne/elftes Haus* entspricht.

Die *Mondknoten-Venus-Uranus-Konjunktion im zwölften Haus* weist darauf hin, daß das Ziel all ihrer Bemühungen in einem Heilungsprozeß der erotischen Frau in ihr liegt, eine Erfahrung, die Cher jedoch für sich alleine macht und deren tieferen Bewußtseinsinhalt sie der Öffentlichkeit nicht preisgeben wird.

Durch die *Erde im Skorpion im fünften Haus* wird der nach außen sichtbare Fokus in Chers Leben, nämlich die skorpionhafte Selbstzentriertheit, klar, ebenso welchen Schatten (*Erde*) sie ins Bewußtsein heben (*Sonne*) will und welchen Sinn ihre Seele damit verfolgt (*Mondknoten*).

Im Vergleich mit der *Stier-Sonne/Skorpion-Erde* von *Barbra Streisand* fällt auf, daß Barbra Streisand nicht ständig an ihrem körperlichem Erscheinungsbild bastelt. Ihre berühmte Nase und die Tatsache, daß sie nicht dem klassischen Schönheitsideal entspricht, haben sie trotzdem nicht dazu verleitet, sich operieren zu lassen. Vielmehr steht sie zu sich, so wie sie ist, wodurch ihr Äußeres inzwischen geradezu zu einem Markenzeichen geworden ist. Ihre charismatische Ausstrahlung beruht darauf, daß sie authentisch und wahrhaftig ihren Selbstwert verkörpert (*Sonne im zweiten Haus*) und ihren Brennpunkt auf die Auseinandersetzung mit Tabus und Problemen lenkt, für die sie sich aufrichtig engagiert (*Erde im achten Haus*).

Sissy Spacek

Die Schauspielerin *Sissy Spacek* wurde am 25. 12. 1949 in Tyler/Texas mit einer *Steinbock-Sonne* geboren. An ihr fiel immer besonders auf, daß sie einerseits die außergewöhnliche freie

Radix

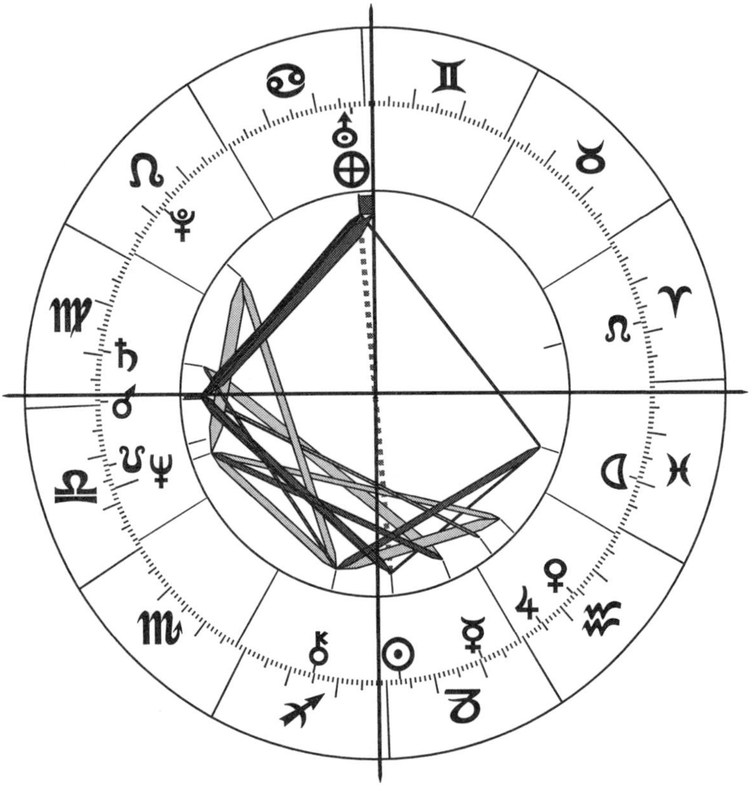

Sissy Spacek

25.12.1949, 6:02 GMT
Tyler/Texas, 95W18, 32N21
Häuser nach GOH / KOCH
Quelle:C, L. Rodden »Profiles of Women«

und unkonventionelle Kind-Frau (was bei einem Kind ja eher atypisch ist) verkörperte, andererseits in ihrer Kindhaftigkeit große Reife und Ernsthaftigkeit bewies. Wenn man berücksichtigt, daß ihre *Erde im Krebs* und noch dazu *am MC (Medium Coeli) in Konjunktion mit Uranus* steht, wird dieses Phänomen in ihrer Persönlichkeit klar.

Der Seelenplan sieht den höheren Sinn ihres *Sonne-Erde*-Prozesses in seiner Auswirkung im Ich-Du-Thema vor, das ebenfalls doppelt aufgegriffen wird durch die *Mondknoten-Achse Widder-Waage und Aszendent Waage / Deszendent Widder.*

Meryl Streep

Im Horoskop der Schauspielerin *Meryl Streep,* geboren am 22. 06. 1949 in Summit/New Jersey, finden wir eine *Krebs-Sonne in Konjunktion mit Uranus* und eine *Steinbock-Erde.* An Meryl Streep ist auffällig, mit wieviel Ernst, Reife und Würde sie ihre Rollen spielt und wieviel Disziplin und Strenge sich in ihr ausdrückt, allesamt klassische Steinbock-Qualitäten. In Meryl Streeps Horoskop finden wir ansonsten keine Planeten im Steinbock, *Saturn* befindet sich jedoch im Erde-Zeichen *Jungfrau* und der *aufsteigende Mondknoten* im *Widder am Medium Coeli.*

Romy Schneider

Die tragische Lebensgeschichte der verstorbenen Schauspielerin *Romy Schneider* ist vielen bekannt. Sie wurde am 23. 09. 1938 in Wien geboren, mit einer *Sonne-Mond*-Konjunktion in der *Waage im vierten Haus.* Die *Erde* steht folglich im *Widder im zehnten Haus.* Den *aufsteigenden Mondknoten* finden wir *in Konjunktion mit Venus im Skorpion im fünften Haus, den absteigenden in Konjunktion mit Uranus im Stier im elften Haus.* Hier weist der Seelenplan ganz klar auf die Absicht hin, sich aus ihrer weiblichen, traditionellen Rolle zu befreien und das eigene Frausein zu transformieren. Leider hat sie statt dessen die Selbstzerstörung und den Tod gewählt (ebenfalls Skorpion-Mondknoten).

Radix

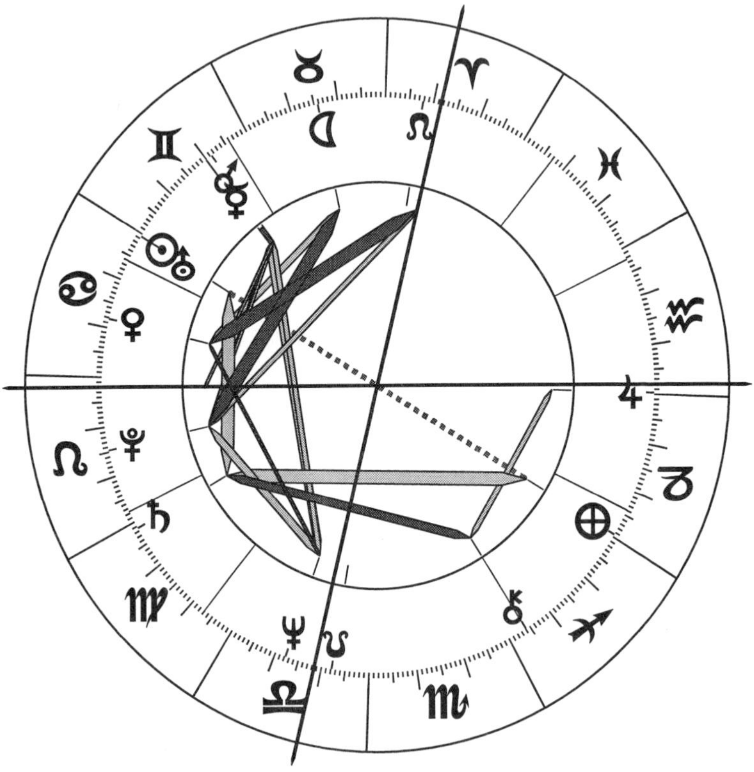

Meryl Streep

22.6.1949, 8:05 EST/S, 12:05 GMT
Summit/NJ/USA, 74W22, 40N43
Häuser nach GOH / KOCH
Quelle: A, Internationales Horoskope-Lexikon (IHL Taeger)

Radix

Romy Schneider

23.9.1938, 21:45 MEZ, GMT 20:45
Wien/A, 16E23, 48N13
Häuser nach GOH / KOCH
Quelle: A, Internationales Horoskope-Lexikon (IHL Taeger)

Zur Mondknoten-Achse paßt der Fokus der Lebensproblematik, im vierten Haus mit einer *Waage-Sonne* in einer traditionellen Rolle verwurzelt zu sein, sich mit dem inneren Kind gleichzeitig in Unselbständigkeit und Abhängigkeit vom Du, in diesem Fall von der Meinung anderer, besonders der Familie, wähnend. Romys Bindung an ihre Mutter, Magda Schneider, und ihren Vater, Wolf Albach-Retty, ist bekannt.

Auch *Chiron im Krebs im ersten Haus* zeigt das (innere) sensible Kind, das sie so gerne gelebt und gezeigt hätte, aber nicht sein durfte und konnte. Ihre Verwundung kam durch den gestörten Ausdruck ihrer hochempfindlichen und stark beeindruckbaren Gefühlsnatur an die Oberfläche und machte sie auf die fehlende Urmutter (Erde) und den unerlösten Vater (Sonne) aufmerksam. In ihren letzten Filmen zeigte sich, wie sehr sie um ihre eigenständige, von den Klischees, die ihr anhafteten, unabhängige Selbstdarstellung kämpfte.

Mit *Sonne Konjunktion Mond* hätte sie sich ihr inneres Kind mit all seinen Bedürfnissen bewußt machen, sich abnabeln und mit ihrer *Sonne* und *Erde* selbst die Rollen der Eltern verinnerlichen müssen, um dann für die Befriedigung ihre wahren Bedürfnisse zu sorgen. Bei einer Konjunktion ist es immer schwer, die Planeten getrennt voneinander als unterschiedliche Wesensanteile wahrzunehmen, und die Aufgabe und Lösung der Konjunktion besteht darin, die Planeten durch Bewußtmachung wieder auseinanderzudividieren.

Kommen wir nun zu Romys *Erde im Widder.* Ihre Erde hätte ihr das Ich-Gefühl schenken können, mit dem sie den Mut gefunden hätte, etwas für sich zu fordern und sich für ihre eigenen Bedürfnisse einzusetzen. Ihre *Erde im zehnten Haus* als Ausdruck ihrer weiblichen Urnatur hätte ein öffentliches Vorbild werden können. Die Entwicklung der Erde wäre sicherlich eine höhere Aufgabe für sie geworden, die viel Beachtung gefunden hätte.

Hier wäre der Seelenplan gewesen, ihr eigenständiges Ich zu entwickeln, zu heilen und zu integrieren. *Mars* als Herrscher des *Widders* begegnete ihr auf Schritt und Tritt in der Außenwelt (Projektion), aber leider delegierte sie ihre Erde-Energien an männliche Mars-Repräsentanten wie *Alain Delon,* zu dem sie eine besonderes schicksalhafte Beziehung hatte. Bezeichnenderweise bildet Delons *Sonne im Skorpion* eine *Konjunktion* mit Romys *Venus/Mondknoten*.

Für Romy Schneider wäre die Bewußtmachung der Energie der *Widder-Erde* sicherlich heilsam gewesen, um ein eigenständiges, erwachsenes Ich zu entwickeln, mit dem sie sich hätte durchsetzen und aus den Zwängen befreien können, die ihrem Wesen als Frau (*Skorpion-Venus Opposition Stier-Uranus*) nicht entsprachen. Darüber hinaus hätte sie mit ihren Erde-Energien die echte Hilfe einfordern können, um über den tragischen Tod ihres Sohnes hinwegzukommen. Wie allein muß sie in ihrem Kummer gewesen sein, daß sie keinen anderen Ausweg fand, als sich mit Medikamenten und Alkohol zu betäuben.

Sicher wäre damit auch ihr *Saturn im Widder* erlöst worden, wodurch sie ihr Ich in der für sie gesunden Form verwirklicht und mit dem notwendigen Selbstschutz umgeben hätte.

Paul Newman

Wer spürt bei *Paul Newman,* geboren am 26. 01. 1925 in Cleveland/Ohio, nicht den Löwe-Einfluß? Seine *Sonne* steht jedoch im *Wassermann,* der *Aszendent im Steinbock.* Außer *Neptun in Konjunktion mit dem aufsteigenden Mondknoten* hat er keine Planeten im *Löwen* – dafür aber die *Erde* und die steht natürlich *in Konjunktion mit Mondknoten/Neptun,* das heißt, er hat sich den Ausdruck und die Kanalisierung der *Löwe*-Energien, der Wildnatur seines Wesens in diesem Leben vorgenommen! *Neptun* ist auch der Grund für sein löwenhaftes, verführerisches Charisma, das stets geheimnisvoll und hintergründig und auf sehr subtile Weise wirkt.

Roger Moore

Der berühmte James Bond alias *Roger Moore,* geboren am 14. 10. 1927 in London, hat eine *Waage-Sonne,* die *in Konjunktion mit seinem Waage-Mars* steht. *Sonne/Mars* könnte ihn wohl zu dem Draufgänger machen, den er in seinen Rollen immer verkörpert hat, mit dem vielgepriesenen Charme der *Waage.* Aber,

Radix

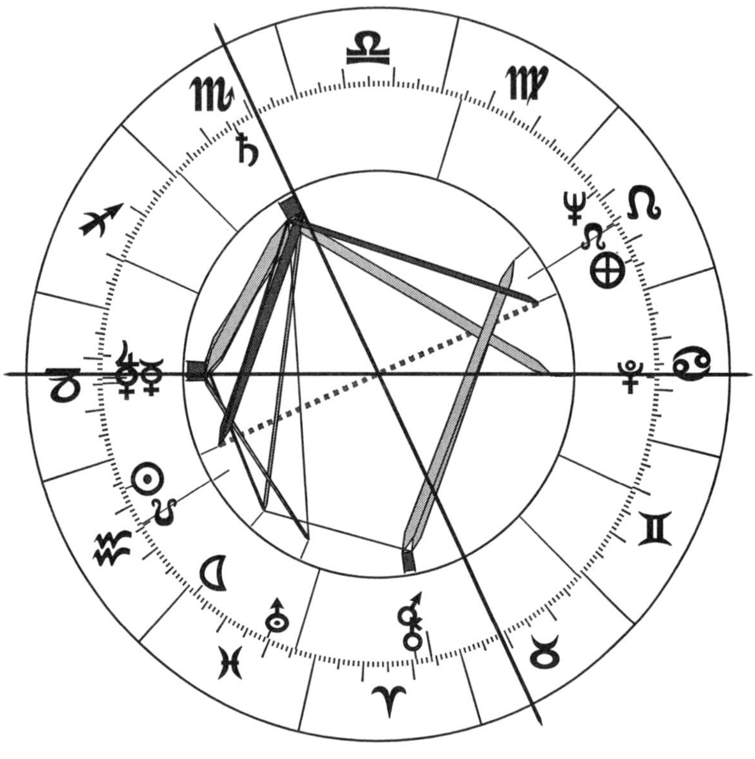

Paul Newman

26.1.1925, 6:30 EST, 11:30 GMT
Cleveland/OH/USA, 81W41, 41N30
Häuser nach GOH / KOCH
Quelle: A, Internationales Horoskope-Lexikon (IHL Taeger)

Radix

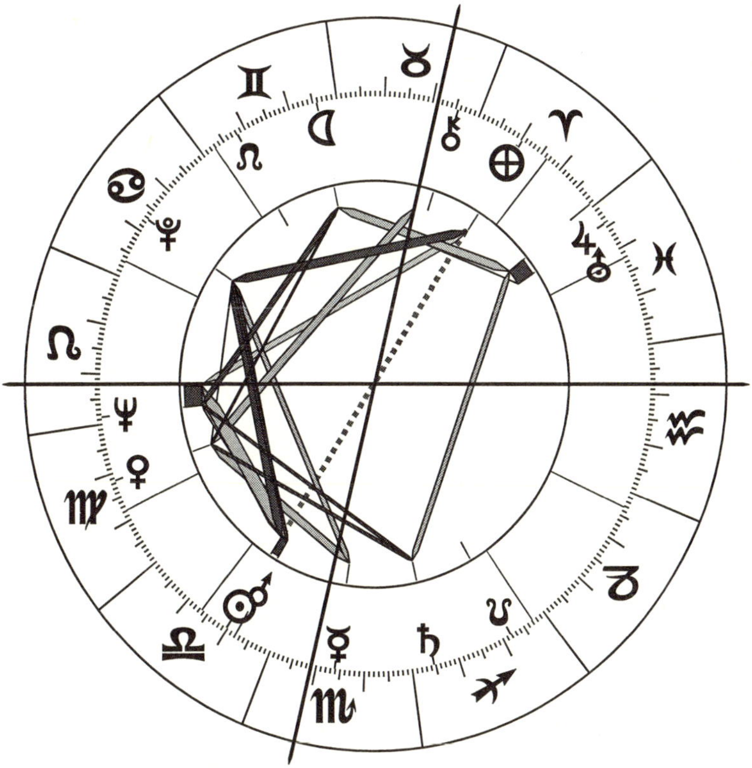

Roger Moore

14.10.1927, 1:00 WET/GMT
London/GB, 0W06, 51N31
Häuser nach GOH / KOCH
Quelle:A, Internationales Horoskope-Lexikon (IHL Taeger)

frage ich Sie, warum beschäftigt sich Mr. Moore in seinen Rollen ständig mit Widder-Themen? Wohl kaum, weil er einen *Waage-Mars* und eine *Waage-Sonne* hat, die sich ihrem Naturell gemäß mit *Waage*-Inhalten entfalten.

Ich würde sagen, weil Roger Moore eine *Widder-Erde* hat! Hier dringt der impulsive Pol in seinem Wesen durch, der nicht lange fackelt, sekundenschnelle Entscheidungen trifft und dem es nur um den persönlichen Erfolg in seiner Mission geht, ohne Rücksicht auf andere.

Jean-Paul Belmondo

Bei *Jean-Paul Belmondo* verhält es sich genau umgekehrt. Sein Geburtstag ist der 09. 04. 1933 in Neuilly-sur-Seine, und seine *Sonne steht im Widder.* Sein Naturell ist »marsisch« und widderhaft. Dabei ist er aber stets um das Du bemüht, der charmante, liebenwerte Kumpeltyp, mit dem man die berühmten Pferde stehlen kann. Das ist eigentlich nicht die Art des *Widders,* den die anderen eher wenig kümmern, sondern entspricht dem Wesen seiner *Waage-Erde.*

Boris Becker

Einen weiteren interessanten Diskussionsstoff liefert die Tatsache, daß viele internationale Megastars, die eine Idolfunktion für die breite Masse übernehmen, ihre Sonne im zwölften Haus haben. Das ist bei den Tennisprofis *Boris Becker* (Sonne im Skorpion im 12. Haus) und *Steffi Graf* (Sonne in den Zwillingen im 12. Haus) der Fall, aber auch bei der Popsängerin *Madonna* (Sonne im Löwen im 12. Haus).

Boris Becker wurde am 22. 11. 1967 in Leimen geboren. Seine *Erde* befindet sich *im Stier,* ein Tierkreiszeichen, in dem er keine anderen Planeten hat. Auch Boris ist ein hervorragendes Beispiel für den Einfluß der *Erde,* denn die erdverbundene Art und Weise (*Stier* ist ein Erdzeichen), mit der er das Leben mit seiner Frau Barbara gestaltet, und sein Verhalten als Familienvater, sind typisch für den *Stier.*

Radix

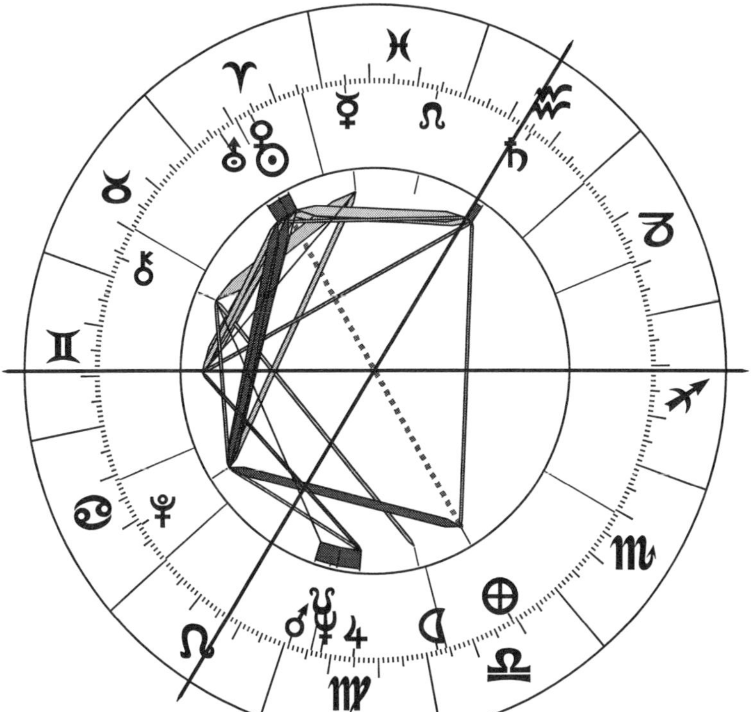

Jean – Paul Belmondo

9.4.1933, 9:00 WET/S, 8:00 GMT
Neuilly/F, 2E17, 48N53
Häuser nach GOH / KOCH
Quelle:A, Internationales Horoskope-Lexikon (IHL Taeger)

Radix

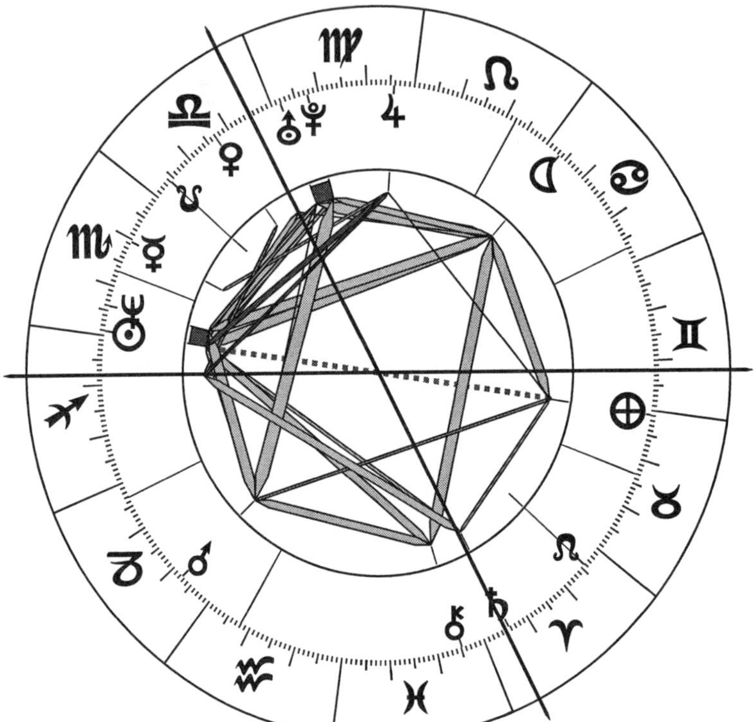

Boris Becker

22.11.1967, 8:45 MEZ, 7:45 GMT
Leimen/D, 7E45, 49N16
Häuser nach GOH / KOCH
Quelle:C, Internationales Horoskope-Lexikon (IHL Taeger)

Seine Frau *Barbara,* die am 01. Januar 1965 geboren wurde (Ort und Zeit unbekannt), hat ihren *Jupiter im Zeichen Stier,* der somit eine *weite Konjunktion mit Boris' Erde* bildet. Auch hier findet eine erfüllende Verbindung statt, deren Stierhaftigkeit bei dem Paar deutlich zum Ausdruck kommt.

Auch mit seinem am 18. 01. 1993, um 08.14 h MEZ in München geborenen Sohn *Noah Gabriel,* hat Boris einen interessanten, astrologischen Kontakt: Die *Erde* von Noah befindet sich auf *27 Grad Krebs in enger Konjunktion mit Boris' Krebs-Mond!* Da auch seine Frau Barbara eine *Steinbock-Sonne* und damit die *Erde im Krebs* hat, gewinnen sowohl Barbara als auch der gemeinsame Sohn Noah Gabriel eine ganz besonders intensive Bedeutung für Boris' Gefühlsleben.

Boris' *Krebs-Mond* zeigt seinen tiefen Wunsch nach Geborgenheit in der Familie und nach einer engen Gefühlsbindung. Doch die Solidität und der erdhafte Aufbau derselben läßt sich viel besser nachvollziehen, wenn man seine *Stier*-Natur, repräsentiert durch die *Erde,* kennt.

In dem ersten Interview, das Boris und Barbara Becker nach der Geburt ihres Sohnes der Zeitschrift »Stern« gaben, sagte Boris: »Zum ersten Mal spüre ich, daß ich eine Festung habe, in die ich zurückgehen kann, wenn alles in die Brüche gehen sollte. Danach habe ich doch immer gesucht.«[112]

Dies bringt das Bedürfnis seines *Krebs-Mondes* zum Ausdruck. Daß es Boris gelungen ist, sich diese »Festung« gemeinsam mit Barbara zu schaffen, verdankt er jedoch seiner *Stier-Erde.*

Madonna

Madonna wurde am 16. 08. 1958 in Bay City/Michigan geboren. Madonnas *Löwe-Sonne* befindet sich im *zwölften Haus,* die *Erde* folglich im sechsten Haus im *Wassermann,* ein – von Chiron abgesehen – ansonsten unbesetztes Haus und Zeichen in ihrem Horoskop. Das Besondere ist nun, daß Madonnas *Erde* eine *Konjunktion mit Chiron im Wassermann* bildet. Hier wird die verletzte Urnatur und die Suche nach Heilung durch die Erschaffung eines neuen Frauenbilds ohne Umwege ans Licht gebracht. Dadurch wird Madonna zur Trägerin eines Archetypus

Radix

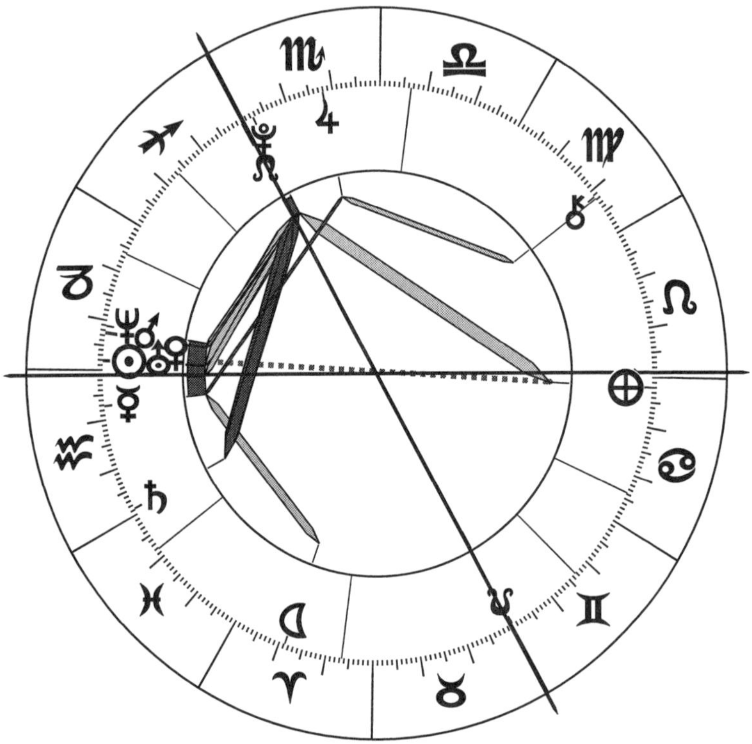

Noah Gabriel Becker

18.1.1994, 8:14 MEZ, 7:14 GMT
München, 11E34, 48N08
Häuser nach GOH / KOCH

Radix

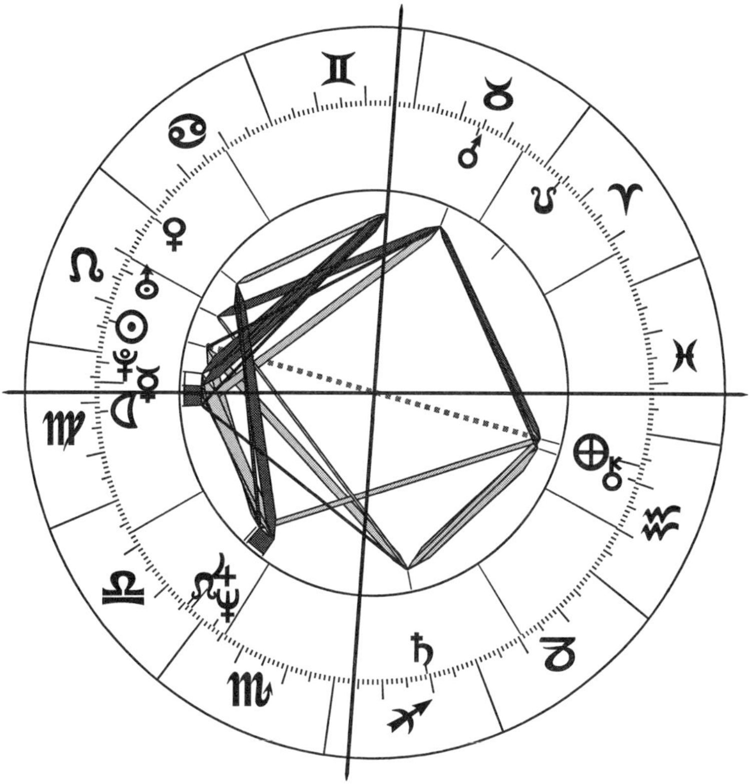

»Madonna«

16.8.1958, 7:05 EST, 12:05 GMT
Bay City/MI/USA, 83W53, 43N36
Häuser nach GOH / KOCH
Quelle:B, Internationales Horoskope-Lexikon (IHL Taeger)

der wilden Frau, die den Rahmen des Alltäglichen (und ihre Ketten) sprengt. Der Impuls zur Heilung, der sich in dem Drang nach dem Unkonventionellen, aus dem Rahmen Fallenden äußert, deckt sich mit dem Ziel, den Schatten zu integrieren, und zwar genau diese wilde, unabhängige Andersartigkeit. Passend dazu bezeichnete sich Madonna bisweilen auch als Wiederverkörperung von Marilyn Monroe und befreite die Monroe quasi aus ihrer Opferrolle des ausgebeuteten Sexidols. Auf diese Weise brachte sie *Löwe und Wassermann* in eine Synthese.

Zweifellos verkörpert Madonna in ihrer unkonventionellen, provozierenden, distanzierten und abgehobenen Art der Selbstdarstellung viele *Wassermann*-Eigenschaften, die in ihrem Horoskop sonst nirgends zu finden sind.

Uranus im Löwen, den man für diese Wesenzüge verantwortlich machen könnte, befindet sich *im zwölften Haus,* das eigentlich nicht dazu auffordert, sich ins Rampenlicht zu stellen, sondern eher den Rückzug und die Erfahrung des betreffenden Planetenprinzips auf nicht-mundane Art bewirkt. *Uranus im Löwen* zielt auf die spirituelle Dimension, wenn er den üblichen Rahmen des Ich-Erlebens sprengt.

Sicher könnte man der *Sonne im zwölften Haus* zuschreiben, daß Menschen, die sogenannte öffentliche Persönlichkeiten sind, keine privaten Grenzen mehr haben. Ihr Privatleben ist quasi aufgelöst und wurde für die Rolle, die sie für die Menschheit verkörpern, geopfert. Aber das trifft es nicht ganz.

Warum beispielsweise fühlt sich Madonna dazu aufgerufen, durch ihr Auftreten eine so heftige Reaktion in der Öffentlichkeit hervorzurufen? Sie will kein Vorbild im üblichen Sinne sein, sondern stößt ihre Fans immer wieder vor den Kopf, indem sie sich jeweils völlig neu und unerwartet androgyn, einmal als Marilyn-Monroe-Typ, ein andermal maskulin wie Marlene Dietrich präsentiert, mal Vamp, mal Femme fatale, auf jeden Fall so, daß man sie nirgends einordnen kann. Sie scheint in keine Schublade zu passen. Madonna wirft alle »Werte« sofort wieder um und überschreitet bereits die nächste Grenze, allesamt *Wassermann*-Qualitäten.

Die Werte und Wertmaßstäbe aber finden wir im *zweiten Haus,* wo sich Madonnas *aufsteigender Mondknoten in der Waage in*

Konjunktion mit Neptun und Jupiter befindet. Der Hintergrund ihrer Aktivitäten ist die Suche nach einer neuen Begegnung zwischen Mann und Frau, der männlichen und weiblichen Energie. Mit ihrer *Löwe-Sonne* und *Wassermann-Erde* ist ihr Lebensplan, ständig Neues auszuprobieren und anderen ihre Erfahrung durch ihre Selbstdarstellung zur Verfügung zu stellen (*Wassermann und sechstes Haus*). Durch die *Wassermann-Erde* wird die Art, wie Madonna ihre *Löwe-Sonne im zwölften Haus* lebt, viel klarer.

Schlußwort

Daß die *Erde* in der Astrologie fehlte, schien bisher niemand bemerkt zu haben. Nun, wo die *Erde* aus ihrem Schattendasein geholt wurde, bin ich sehr gespannt, was wir aus ihr und dem Wissen, das uns durch sie zugänglich wird, machen werden. Wenn es viele bereichert und ihr Bewußtsein erweitert, hat mein Anliegen, die *Erde* wieder in die astrologischen Betrachtungen mit einzubeziehen, ihren Sinn erfüllt.

Ich bin der *Erde* als meinem Heimatplaneten und meinem astrologischen Planeten dankbar, daß ich ihn durch die Entdekkungen, die mir zuteil geworden sind, wieder so intensiv wahrnehmen konnte. Meine Reaktion darauf waren ein tiefes Gefühl der Liebe zu diesem wunderbaren, blauen Planeten, seiner Natur und all seinen Geschöpfen, und zu meinem irdischen Leben, meinem Seelenplan und meiner Aufgabe darin.

Meine Hoffnung ist, daß die Erdkraft wieder lebendig und heil werden kann – innen und außen!

Anhang

Phantasiereise für die Erweckung der Intuition

Legen Sie sich entspannt und bequem hin, atmen Sie ruhig und tief ein und aus und schließen Sie die Augen.

Erlauben Sie sich, sich für eine Weile aus dem Alltag zurückzuziehen. Die Zeit, die Sie sich jetzt gönnen, ist sinnvoll angelegt und kommt Ihnen danach tausendfach zugute – in Form von neuer Kraft, Inspiration und Lösungen.

Schützen Sie sich vor negativen Einflüssen, indem Sie in Ihrer Phantasie die heilige Silbe OM in Spiegelschrift und mit roten Buchstaben auf Ihren Bauch malen, in Höhe Ihres Solar Plexus oder des Solar-Plexus-Chakras.

Ziehen Sie in Gedanken einen Schutzkreis um sich, vom Scheitel bis zu den Fußsohlen und von dort an der anderen Seite Ihres Körpers wieder hinauf bis zum Scheitel. Dieser Kreis kann ein Regenbogen sein, ein Feuerkranz, ein Blütenkranz oder eine Kette aus aneinandergehängten Silben OM, je nachdem, was Sie am leichtesten visualisieren können. Oder Sie stellen sich vor, Sie schwimmen im warmen Meer, umringt von einem Kreis von Delphinen, die Sie beschützen.

Stellen Sie nun die Verbindung zu Ihrer Seele oder Ihrem Höheren Selbst her, wie auch immer Sie den spirituellen Teil Ihrer selbst bezeichnen wollen, indem Sie von Ihrem Scheitel oder Ihrem Scheitelchakra eine goldene Lichtschnur nach oben aufsteigen lassen. Wenn der Faden geknüpft ist, sind Sie mit den Lichtkräften verbunden.

Wenn Sie diesen Zustand in sich hergestellt haben, suchen Sie Ihren inneren Tempel. Das ist ein Ort Ihrer Wahl, den nur Sie kennen und betreten dürfen. Vielleicht befindet er sich in einem Wald, an einem See, am Meer oder in den Bergen. Vielleicht ist Ihr heiliger Ort eine Insel oder eine Kirche. Egal, wie

Ihr persönliches Heiligtum aussieht, suchen Sie das Bild mit Ihrem geistigen Auge. Wenn Sie ein Bild gefunden haben, verweilen Sie dort und betreten diesen Ort oder diesen Tempel.

Schauen Sie sich um. In Ihrem Tempel finden Sie Ihr Orakel. Das kann ein weiser Mann oder eine weise Frau sein, ein Priester oder eine Priesterin, ein Meister, ein Schutzengel, oder auch ein Tier, das Ihr persönlicher Helfer ist.

Nehmen Sie Kontakt mit diesem Wesen auf, wer auch immer es ist. Betrachten Sie es, sprechen Sie mit ihm, tragen Sie ihm Ihre Fragen vor, alles, was Ihnen auf dem Herzen liegt. Achten Sie darauf, »echte« Fragen zu stellen, keine banalen Fragen aus purer Neugierde, sonst bekommen Sie beliebige oder keine Antworten. Befragen Sie Ihr Orakel nach Dingen, die Sie wirklich bewegen und berühren. Horchen Sie in die Stille hinein und warten Sie auf die Antwort.

Die Antwort kann sehr klar, kurz und präzise formuliert sein, ja sogar humorvoll, aber auch in Form eines Bildes oder einer Idee auftauchen. Manchmal kommt die Antwort nicht sofort, sondern Sie erhalten Sie später, nach Ihrer Visualisation, durch einen anderen Menschen, einen Hinweis in einem Buch oder eine »plötzliche« Eingebung oder Ihre »innere Stimme«.

Lassen Sie sich in dem Vertrauen darauf, daß Sie sich medial mit dem kosmischen Bewußtsein verbunden haben, führen. Was auch immer Ihnen Ihr Orakel sagt oder Ihnen zeigt, lassen Sie es auf sich wirken und nehmen Sie es an.

Wenn Sie das Gefühl haben, lange genug in Ihrem Tempel gewesen zu sein, danken Sie Ihrem Orakel und dem heiligen Ort und verlassen ihn, in der Gewißheit, daß Sie jederzeit dorthin zurückkehren können.

Kehren Sie langsam und behutsam in Ihr normales Wachbewußtsein und Ihren Alltag zurück.

Heilvisualisationen für die Erde

Befreiung der Göttin

Bei dieser Visualisation stellen Sie sich diejenige Göttin vor, die Ihnen am nächsten ist, sei dies eine indische Göttin wie Shakti, Lakshmi, Kali oder Tara oder irgendeine andere Göttin.

Setzen oder legen Sie sich entspannt hin und visualisieren Sie folgendes Bild:

Sie visualisieren die Göttin in ihrer ganzen Pracht: ihre Gestalt, ihr Aussehen, ihre Körperhaltung, ihren Gesichtausdruck, ihre Kleidung, ihren Schmuck, ihr Lächeln.

Wenn Sie die Göttin vor sich sehen, visualisieren Sie als nächstes all die befreiten Eigenschaften, die Sie mit Ihrer Göttin verbinden. Spüren Sie die uneingeschränkte Lebendigkeit, die Freiheit, die Güte, die Würde, die Großzügigkeit, die Wärme, die (positive) Macht, die diese Göttin ausstrahlt. Sehen Sie, wie diese Ausstrahlung die Göttin wie ein Strahlenkranz (in einer bestimmten Farbe, die vor Ihrem geistigen Auge auftaucht) umhüllt.

Die Göttin sendet diese Strahlung aus. Visualisieren Sie nun, wie Sie selbst von dieser Farbe eingehüllt werden. Lassen Sie dabei alles los, was Sie bedrückt und belastet, hemmt und einschränkt. Atmen Sie befreit und spüren Sie, wie wohltuend und heilsam diese Ausstrahlung auf Sie wirkt, und wie diesselben Energien nun in Ihnen freigesetzt werden.

Zum Schluß lassen Sie die Göttin in Ihr Herz sinken und nehmen ihre Ausstrahlung und Energie tief in sich auf.

Sprechen Sie laut oder im Geist folgende Affirmation:

Die Göttin ist jetzt in mir erwacht.
Ich bin in jedem Augenblick meines Lebens mit ihr und all ihren Qualitäten und Fähigkeiten verbunden.

Schutzkreis für die Göttin

Die folgende Visualisation hilft insbesondere auch dabei, sich vor Verletzungen und Gewalttätigkeiten gegenüber Frauen, dem inneren Weiblichen oder der Göttin als Repräsentantin des weiblichen Seins zu schützen.

Setzen oder legen Sie sich entspannt hin und visualisieren Sie folgendes Bild:

Visualisieren Sie Ihre innere Göttin, bis Sie sie klar vor sich sehen, in all ihrem Glanz, ihrer Anmut und Schönheit. Visualisieren Sie als nächstes Ihr Krafttier, Ihren Kraftort und/oder alle Verbündeten, Helfer und Schutzengel, die dann einen Kreis um Ihre Göttin bilden.

Zum Schluß hüllen Sie das ganze Bild in einen Kreis aus Licht, einen Regenbogen oder eine Kette, deren Glieder aus ineinander verflochtenen Silben OM gebildet werden, oder aus allen drei Schutzkreisen. Alle Verletzungen und alle Menschen, die Ihnen weh tun oder jemals weh getan haben, prallen an diesem undurchdringlichen Schutzkreis ab wie an einem Burgwall.

Lassen Sie das Gefühl des vollkommenen Geschütztseins tief in Ihr Herz sinken.

Sprechen Sie laut oder im Geist folgende Affirmation:

> *Ich und all meine Verbündeten sorgen ab sofort für den vollkommenen Schutz der Göttin.*

Schutzkreis für die Erde

Verwenden Sie die Visualisation *Schutzkreis für die Göttin*. Statt der Göttin umgeben Sie bei dieser Visualisation die Erde mit dem oben beschriebenen Schutzkreis.

Sprechen Sie laut oder im Geist folgende Affirmation:

Ich und all meine Verbündeten sorgen ab sofort für den vollkommenen Schutz der Erde.

Die Hüterin der Erde

Setzen oder legen Sie sich entspannt hin und visualisieren Sie folgendes Bild:

Sie sitzen in einem Raumschiff und fliegen auf die Erde zu. Die Mission Ihres Raumschiffs besteht darin, daß man Sie mit der Obhut der Erde betraut hat. Sie sind die Hüterin der Erde (wenn Sie ein Mann sind, stellen Sie sich bei dieser Visualisation ebenfalls vor, daß Sie eine *Frau* sind – eine Hüterin).

Betrachten Sie den wunderbaren, blau-weißen Planeten vom Weltraum aus, während Sie sich ihm nähern. Schließlich taucht Ihr Raumschiff in die Atmosphäre ein. Nach einer Weile setzen Sie zur Landung an einem Ort Ihrer Wahl an.

Sie verlassen Ihr Raumschiff und blicken sich um. Staunend stellen Sie fest, daß Sie in einem Paradiesgarten gelandet sind. Sie nehmen die Pracht und den Frieden um sich herum in sich auf. Voller Freude übernehmen Sie Ihre Aufgabe, für den Schutz und die Erhaltung dieses wundervollen Planeten zu sorgen.

Während Sie dieses Bild tief in Ihr Herz sinken lassen, sprechen Sie laut oder im Geist folgende Affirmation:

Ich übernehme dankbar und freudig die Aufgabe, gut für die Erde zu sorgen.
Ich bin die Hüterin der Erde.

Worterklärungen

Affirmation (lat. Bekräftigung): Autosuggestionsmethode, bei der die eigene Zielsetzung oder eine Vision durch Wiederholung positiv bestätigt und im Bewußtsein verankert wird.

Anima (lat. Seele): Von dem Tiefenpsychologen C. G. Jung geprägter Begriff für den Archetypus des Weiblichen. Jung nannte die Anima den »Archetypus des Lebens schlechthin.« Jeder Mann und jede Frau besitzt eine Anima oder einen weiblichen Teil der Persönlichkeit.

Animus (lat. Geist): Von C. G. Jung geprägter Begriff für den Archetypus des Männlichen. Jeder Mann und jede Frau besitzt einen Animus oder männlichen Teil der Persönlichkeit.

Archetypus: Von C. G. Jung aus der Hermetik übernommener Begriff, der »Urbild« bedeuet. Archetypen tauchen in Träumen, Visionen und Mythen auf. Bekannte Archetypen sind z. B. der Held, die Große Mutter, der alte Weise, Geburt und Tod. Bei den Archetypen handelt es sich um Erfahrungen und Motive aus dem kollektiven Unbewußten.

Bewußtseinserweiterung: Veränderte Wahrnehmung, die über das normale Alltagsbewußtsein hinausgeht.

Bodhisattva: Im Buddhismus findet sich die Vorstellung von der Verkörperung Buddhas in einem Menschen, um als Lehrer und Vorbild zu dienen. Diese Wiederverkörperung wird *Bodhisattva* genannt. Der tibetischen Tradtion zufolge kehrt ein Mensch, der die Buddhaschaft bereits erlangt hat und sich aus dem Kreis des Leidens, Samsara genannt, befreit hat, dennoch zu den Menschen zurück, indem er sich wiederverkörpert, um sich solange für deren Wohl einzusetzen, bis alle Menschen befreit sind. Der Dalai Lama gilt als Bodhisattva des Mitgefühls, eine Verkörperung von Avalokiteshvara, auf tibetisch Chenrezig. Dieselbe Vorstellung findet sich im Hinduismus. Die Hindus bezeichnen die Inkarnation eines Erleuchteten als *Avatar* und sehen in ihm die Verkörperung des Gottes Vishnu.

Erleuchtung: Die Erfahrung des Einswerdens mit dem Kosmos oder mit dem Göttlichen. Im Zustand der Erleuchtung lösen sich die Grenzen des Ichs auf, und die absolute Wahrheit offenbart sich.

Feinstofflich: Bezeichnung für nicht stoffliche Energien, die weniger dicht sind als Materie.

Holismus, holistisch (Ganzheitslehre, ganzheitlich): Im Gegensatz zum Reduktionismus, der die Funktionsweise der Einzelteile eines Systems erforscht, besagt der Holismus, daß der Kosmos aus vollkommenen, ganzheitlichen Systemen besteht, wobei das Ganze mehr ist als die Summe seiner Teile. Dieses Prinzip ist auch als *Synergie* bekannt.

Inkarnation (lat. Fleischwerdung): Die Verkörperung der Seele im Menschen. Eine Inkarnation umfaßt die Zeitspanne oder das Leben auf der Erde, das die Seele in einem bestimmten Körper zubringt.

Intuition (lat. intueri = betrachten): Fähigkeit der unmittelbaren Einsicht oder Erkenntnis. Eine Form der *medialen* Wahrnehmung. Die Intuition zeigt sich oft in Form der *inneren Stimme.*

Karma (sanskrit: wirken): Begriff aus dem Hinduismus und Buddhismus. Karma bezeichnet die Auswirkung der Handlungen und Erfahrungen in einem früheren Leben auf ein späteres.

Medialität, medial: Außersinnliche Wahrnehmung, die sich in Trance oder einem veränderten, erweiterten Bewußtseinszustand einstellt, während der man sich an das kosmische Bewußtsein anschließt.

Meditation (lat. Besinnung): Die geistige Sammlung und Versenkung, um einen Zustand der Erkenntnis und des inneren

Friedens herzustellen. Meditation ist eine Übung für spirituelles Wachstum. In den östlichen Religionen ist ihr Ziel, Erleuchtung zu erlangen, um in die Erlösung oder Nirvana einzutreten. Die Praxis der Meditation hat meßbare physiologische Wirkungen zum Beispiel auf die Herz- und Atemfunktion und den Blutdruck. Die bekannteste Meditationshaltung ist der Lotussitz.

Projektion: Das Hinausverlegen von unbewußten Wesensanteilen, Gefühlen oder Wünschen auf eine andere Person, einen Gegenstand oder die Außenwelt.

Reinkarnation (lat. Wiederfleischwerdung): Die Lehre von der Wiedergeburt der Seele. Der Hinduismus verwendet den Begriff vom *Rad des Lebens,* dem ewigen Kreislauf von Tod und Wiedergeburt.

Schatten: Die negativen oder positiven Wesensanteile, die unbewußt sind oder verdrängt, ignoriert, unterdrückt oder auf eine andere Person oder einen Gegenstand projiziert werden.

Selbstverwirklichung: Das Bestreben des Menschen, seine Persönlichkeit in ihrer Ganzheit zu erfahren und sein kreatives Potential wesensgemäß zu verwirklichen. C. G. Jung beschreibt die Selbstverwirklichung als den Weg oder den Prozeß der *Individuation.*

Schamanismus, Schamane (sanskrit: sràmana = Asket): Bezeichnung für den Medizinmann/die Medizinfrau in Nordasien, Amerika und Lappland. Schamanismus ist ein uralter Weg des Lernens und Heilens des eigenen Selbst, der Gemeinschaft, der Umwelt und der Erde. Es handelt sich um einen spirituellen Weg, den sog. *heilenden Weg des Herzens.*

Spiritualität: Die Orientierung auf die geistige, spirituelle oder göttliche Welt hin. Spiritualität ist eine innere Einstellung.

Transformation (lat. Umwandlung): Wandlung des Menschen in seiner Ganzheit und die Umwandlung seiner Energien hin zu einer höheren, spirituellen Bewußtseinsstufe.

Transpersonal (lat. die Person überschreitend): Überpersönlich, das heißt, die spirituelle Dimension der menschlichen Persönlichkeit miteinbeziehend.

Transzendent (lat. überschreitend, darüber hinausgehend): Alle Bereiche, die über die dreidimensionale, raum-zeitlich gebundene und mit den normalen Sinnen erfahrbare Welt hinausgehen.

Vision (lat. videre = sehen): Ein Bild oder eine Bilderfolge, die mit dem geistigen oder *Dritten Auge* wahrgenommen wird.

Visualisation: Eine von Elmer Green entdeckte Technik, mit der bewußt ein inneres Bild erzeugt wird. Die Visualisation wird dazu benutzt, ein bestimmtes Ziel im Geist oder eine Vision zu erschaffen. Visualisation wird auch mit Erfolg als zusätzliche Unterstützung der Heilung angewendet, z. B. in der Krebs-Therapie. Weitere Visualisationsmethoden sind *Phantasiereisen* und die *Geführte Imagination.* Dabei handelt es sich um geführte Vorstellungen in der Innenwelt, die auch in der Psychotherapie Verwendung finden, um Aufschluß über psychische Inhalte zu bekommen.

Anmerkungen

Einführung
Eine Betrachtung der Erde aus der Sicht der Intuitiven Astrologie

1 Anatolij Kim: *Das Zwiebelfeld.* Zitiert aus Tatjana Goritschewa: *Heilige Mutter Erde.* München 1993; S. 53
2 Alice Bailey: *Esoterische Astrologie.* Genf, 3. Auflage 1988; S. 15
3 Luisa Francia: *Berühre Wega, kehr' zur Erde zurück.* München 1982
4 Zecharia Sitchin: *Der zwölfte Planet.* München 1989; S. 204
5 Zecharia Sitchin: a. a. O.; S. 205
6 Tatjana Goritschewa: *Heilige Mutter Erde.* München 1993; S. 50
7 Tatjana Goritschewa: a. a. O.; S. 51
8 Klaus P. Horn: *Terra im Licht.* In »Connection« 3/89
9 Sara-Ester Langen, Jade Kress, Birgit Schiran, Dorle-Margareta Schiran und Ute Schiran: *Mutterrecht der Sterne;* Eine astrologische Reise aus gynozentrischer Sicht. Hüttlingen 1985; sowie Luisa Francia: a. a. O.
10 Klaus P. Horn: a. a. O.

Erstes Kapitel
Urmutter Erde

11 Rosi Wesselhöft: *Weibliche Macht ist das Zentrum der Partnerschaft.* Buchholz 1991; S. 104f.
12 Sabine Reichel: *Frustriert, halbiert und atemlos. Die Emanzipation entläßt ihre Frauen.* München 1993; S. 27
13 Klaus P. Horn: a. a. O.
14 Clarissa P. Estés: *Die Wolfsfrau. Die Kraft der weiblichen Urinstinkte.* München 1993; S. 188
15 Ron Smothermon: *Drehbuch III. Transformation statt Veränderung. Technologie der Selbst-Befreiung.* Bielefeld 1993; S. 159f.
16 Ron Smothermon: a. a. O.; S. 199
17 Clarissa P. Estés: a. a. O.; S. 189
18 Clarissa P. Estés: a. a. O.; S. 189f.
19 Clarissa P. Estés: a. a. O.; S. 188
20 Tatjana Goritschewa: a. a. O.; S. 50
21 Clarissa P. Estés: a. a. O.; S. 189

Zweites Kapitel
Wilde Schwester Erde

22 Sabine Reichel: a. a. O.; S. 68
23 Sabine Reichel: a. a. O.; S. 68
24 Baghwan Shree Rajneesh (Osho): *Der Neue Mensch.* Meinhard-Schwebda 1983; S. 75f.
25 Clarissa P. Estés: a. a. O.; S. 262f.
26 Sabine Reichel: a. a. O.; S. 101
27 Jutta Voss: *Das Schwarzmond-Tabu. Die kulturelle Bedeutung des weiblichen Zyklus.* Stuttgart 1991; S. 84
28 Lois Bourne: *Autobiographie einer Hexe.* München 1987; S. 211 f.
29 Luisa Francia: *Berühre Wega, kehr' zur Erde zurück.* München 1982; S. 76
30 Jutta Voss: a. a. O.; S. 84.
31 Sabine Reichel: a. a. O.; S. 101 f.
32 Lynn Andrews: *Die Kristallfrau.* München 1992; S. 331
33 Lynn Andrews: *Die Kristallfrau.* a.a.O; S. 331
34 Clarissa P. Estés: a. a. O.; S. 263

Drittes Kapitel
Isis, Jungfrau und Erde

35 Gisela Schoeller: *Isis. Auf der Suche nach dem göttlichen Geheimnis.* München 1991; S. 43
36 Gisela Schoeller: a. a. O.; S. 36
37 Gisela Schoeller: a. a. O.: S. 37
38 Gisela Schoeller: a. a. O.; S. 37
39 Clarissa P. Estés: a. a. O.; S. 444
40 Clarissa P. Estés: a. a. O.; S. 434
41 Clarissa P. Estés: a. a. O.; S. 431
42 Clarissa P. Estés: a. a. O.; S. 431
43 Gisela Schoeller: a. a. O.; S. 186
44 Gisela Schoeller: a. a. O.; S. 187
45 Edward C. Whitmont: *Die Rückkehr der Göttin. Von der Kraft des Weiblichen in Individuum und Gesellschaft.* München 1989; S. 144
46 Lynn Andrews: *Die Kristallfrau.* a. a. O.; S. 188f.
47 Tatjana Goritschewa: a. a. O.; S. 56
48 Clarissa P. Estés: a. a. O.; S. 450
49 Clarissa P. Estés: a. a. O.; S. 450

Viertes Kapitel
Osiris, Löwe und Sonne

50 Gisela Schoeller: a. a. O.; S. 30
51 Gisela Schoeller: a. a. O.; S. 30
52 Hans Künkel: *Die Sonnenbahn*. Waakirchen 1981; S. 145
53 Hans Künkel: a. a. O.; S. 147
54 Herbert A. Löhlein: *Handbuch der Astrologie*. München 1976; S. 43 f.

Fünftes Kapitel
Berechnung, Zuordnung und Bedeutung der Erde

55 Luisa Francia: a. a. O.; S. 50
56 Luisa Francia: a. a. O.; S. 33
57 Alice Bailey: a. a. O.; S. 283
58 Alice Bailey: a. a. O.; S. 263
59 Alice Bailey: a. a. O.; S. 263
60 Alice Bailey: a. a. O.; S. 264
61 Alice Bailey: a. a. O.; S. 265
62 Alice Bailey: a. a. O.; S. 269 f.
63 Alice Bailey: a. a. O.; S. 270 f.
64 Alice Bailey: a. a. O.; S. 44
65 Alice Bailey: a. a. O.; S. 187
66 Alice Bailey: a. a. O.; S. 352

Sechstes Kapitel
Die Opposition Sonne–Erde (Vision einer Synthese)

67 Thorwald Dethlefsen: *Die Integration des Schattens*. Zitiert aus: *Was ist heilen? Berühmte Heilerinnen und Heiler antworten*. München 1992; S. 61
68 Clarissa P. Estés: a. a. O.; S. 297

Siebentes Kapitel
Die Bedeutung der Achse Jungfrau–Fische (Heil-Werden)

69 Louise L. Hay: *Heiler, heile dich selbst*. Zitiert aus: *Was ist heilen? Berühmte Heilerinnen und Heiler antworten*. München 1992; S. 21
70 Thorwald Dethlefsen: a. a. O.; S. 62
71 Ken Wilber: *Mut und Gnade*. München 1992; S. 296 f.
72 Ken Wilber: a. a. O.; S. 248 f.
73 Ken Wilber: a. a. O.; S. 255
74 Holger Kalweit: *Urheiler, Medizinleute und Schamanen. Die Wiederkehr archaischer Lebenstherapie*. München 1992; S. 167
75 Zitiert aus Holger Kalweit: a. a. O.; S. 161
76 Holger Kalweit: a. a. O.; S. 225

77 Lynn Andrews: *Die Lebenskraft spiegeln.* Zitiert aus: *Was ist heilen? Berühmte Heilerinnen und Heiler antworten.* München 1992; S.44
78 Rosalyn Bruyère: *Faktor Mitgefühl.* Zitiert aus: *Was ist heilen? Berühmte Heilerinnen und Heiler antworten.* München 1992; S. 105
79 Ken Wilber: a. a. O.; S. 277 f.
80 Ken Wilber: a.a.O.; S. 278
81 Ken Wilber: a. a. O.; S. 296
82 Holger Kalweit: a. a. O.; S. 162
83 Elisabeth Kübler-Ross: *Die vier Säulen des Heilens.* Zitiert aus: *Was ist heilen? Berühmte Heilerinnen und Heiler antworten.* München 1992; S. 125
84 Shakti Gawain: *Wie man der inneren Weisheit folgt.* Zitiert aus: *Was ist heilen? Berühmte Heilerinnen und Heiler antworten.* München 1992; S. 81 f.
85 Ken Wilber: a. a. O.; S. 334
86 Jane Roberts: *Die Natur der persönlichen Realität. Ein neues Bewußtsein als Quelle der Kreativität.* Genf 1985; S. 195
87 Ken Wilber: a. a. O.; S. 335
88 Devi-Mahatmya. Zitiert aus Ajit Mookerjee: *The Feminine Force.* London 1988; S. 97 ff.

Achtes Kapitel
Das Dreieck Sonne, Erde und Mond (Die heile und heilige Familie)

89 Lynn Andrews: *Die Medizinfrau.* Interlaken 1983; S. 125
90 Siehe hierzu auch: Ursula Fassbender: *Intuitive Astrologie. Die lebendige Sprache des Horoskops.* Sauerlach 1985, München 1991
91 Lynn Andrews: a. a. O.; S. 125
92 Lynn Andrews: a. a. O.; S. 112

Neuntes Kapitel
Das Dreieck Sonne, Erde und Mond (Die heile und heilige Familie)

93 Clarissa P. Estés: a. a. O.; S. 337
94 Erika J. Chopich, Margaret Paul: *Aussöhnung mit dem inneren Kind.* Freiburg i. Br. 1993; S. 76
95 Erika J. Chopich, Margaret Paul: a. a. O.; S. 26 f.
96 Erika J. Chopich, Margaret Paul: a. a. O.; S. 19
97 C. G. Jung: *Mysterium Coniunctionis.* GW 14/2, »Die Konjunktion«, 424, S. 318
98 Georg Groddeck: *Das Buch vom Es.* Wiesbaden 1961; S. 20
99 Karen Hamaker-Zondag: *Das zwölfte Haus. Die verborgene Kraft in unserem Horoskop.* Hamburg 1992; S. 73 f.
100 Zitiert aus Jutta Voss: a. a. O.; S. 35 f.

Elftes Kapitel
Chiron, Lilith und Erde

101 Zane B. Stein: *Chiron*. Mössingen 1993; S. 17 f.
102 Melanie Reinhart: *Chiron - Heiler und Botschafter des Kosmos*. CH - Wettswil 1993; S. 39
103 Melanie Reinhart: a. a. O.; S. 18
104 Melanie Reinhart: a. a. O.; S. 50
105 Melanie Reinhart: a. a. O.; S. 28
106 Melanie Reinhart: a. a. O.; S. 28
107 Zane B. Stein: a. a. O.; S. 85
108 Michael Talbot: *Mystik und Neue Physik*. München 1989; S. 81
109 Joelle de Gravelaine: *Lilith: Der Schwarze Mond. Die Große Göttin im Horoskop*. CH-Wettswil 1993; S. 202
110 Ajit Mookerjee: a. a. O.; S. 56
111 Clarissa P. Estés: a. a. O.; S. 252 f.

Zwölftes Kapitel
Beispiele für die Bedeutung der Erde im Horoskop

112 Stern Nr. 5, 27. 01. 1994, S. 29

Ebertin Verlag · Freiburg im Breisgau

Erik van Slooten

Lehrbuch der Stundenastrologie
Fragen und Antworten aus dem Horoskop des Augenblicks

228 Seiten mit 36 Horoskopabbildungen; kartoniert
ISBN 3-87186-078-6

Die Stundenastrologie ist eine Kunst, die darin besteht, für einen bestimmten Augenblick ein Horoskop zu stellen und aus diesem Horoskop Antworten auf die gestellte Frage zu erkennen. Das »Lehrbuch der Stundenastrologie« ist eine ausgezeichnete Einführung in die praktische Anwendung der Stundenastrologie. Es ist aus der Beratungspraxis heraus entstanden und kann sehr gut zur Beantwortung eigener Fragen benutzt werden.

Zwei Signifikatorenlisten bieten erstmals ein umfangreiches Stichwortverzeichnis, dem die jeweiligen astrologischen Zuordnungen zur richtigen Fragenbeantwortung auf einfache Weise zu entnehmen sind.

Dieses Buch stellt die Stundenastrologie auf eine Grundlage, die dem psychologischen Denken unserer Zeit entspricht. Es wird deshalb auch von psychologisch ausgerichteten Astrologen mit Begeisterung aufgenommen werden.

Ebertin Verlag · Freiburg im Breisgau

Ebertin Verlag · Freiburg im Breisgau

A. M. Grimm/G. Hoffmann/R. Ebertin/M. Puettjer

Die geographischen Positionen Europas

12. Auflage, 224 Seiten; gebunden
ISBN 3-87186-003-4

Dieses Buch enthält ein Verzeichnis der geographischen Längen und Breiten von ca. 10000 Städten und Gemeinden in Europa. Zusätzlich sind die Zeitunterschiede zwischen Greenwich-Zeit und Ortszeit aufgeführt. Diese Angaben werden zur Erstellung eines genau berechneten Horoskops benötigt.
Das Buch zählt zu den klassischen Nachschlagewerken für praktizierende Astrologen. Da es auch die alten deutschen Ortsnamen der früheren Ostgebiete enthält, können auch ohne Mühe die Horoskope der dort Geborenen berechnet werden.
Dieses Tabellenwerk erspart Ihnen das mühsame Aufsuchen der Ortskoordinaten aus Atlanten und Kartenwerken und stellt somit eine nützliche Arbeitserleichterung dar.

Ebertin Verlag · Freiburg im Breisgau

Ebertin Verlag · Freiburg im Breisgau

Christoph Schubert-Weller
Ulla Bittner

Die geographischen Positionen der fünf neuen Bundesländer und Berlins

180 Seiten; kartoniert
ISBN 3-87186-076-X

Für die Berechnung eines Geburtshoroskops ist der Geburtsort ein wichtiger Faktor. Neben der Geburtsuhrzeit bestimmen die geographischen Koordinaten des Geburtsortes die exakte Position des Aszendenten und der astrologischen Häuser. Dieses Buch ist ein umfangreiches Tabellenwerk, das erstmals eine Sammlung der geographischen Koordinaten von mehr als 10000 Orten in den neuen Bundesländern und Berlin beinhaltet. Um Verwechslungen auszuschließen, werden sämtliche Ortsnamen, die mit Namenszusätzen versehen sind, mehrfach aufgeführt. Verschiedene Orte desselben Namens werden durch Zusätze voneinander unterschieden.

Ebertin Verlag · Freiburg im Breisgau

Ebertin Verlag · Freiburg im Breisgau

Ebertin Verlag · Freiburg im Breisgau

Marion D. March und Joan McEvers

Lehrbuch der astrologischen Prognose
Progressionen – Direktionen – Solare – Lunare – Transite

360 Seiten mit 46 Horoskopzeichnungen; kartoniert
ISBN 3-87186-073-5

Dieses Buch entspricht einem Bewußtseinswandel in der Astrologie. Die beiden Autorinnen befreien die Astrologie vom schicksalhaften Determinismus früherer Zeiten und bieten Hilfestellung beim Erkennen zukünftiger Trends. Was soll in der Zukunft passieren? Wie kann ich mein Potential im Einklang mit den kosmischen Zyklen zur Entfaltung bringen? Welche Chancen gilt es zu nutzen? Welchen Herausforderungen soll ich mich stellen?

Dieses Lehrbuch bietet eine fundierte Einführung in alle relevanten Methoden und Techniken der astrologischen Prognostik. Mit Spannung wird der Leser die Anwendung der astrologischen Vorhersage an den aufgeführten Beispielhoroskopen berühmter Persönlichkeiten nachvollziehen, um das daraus gewonnene Wissen sogleich am eigenen Horoskop anzuwenden. Selbst komplizierte Methoden werden leicht verständlich an einprägsamen Beispielen dargestellt.

Dieses Buch ist aus der Unterrichtspraxis heraus entstanden und kann auch von Lehrern und Ausbildern für ihren Unterricht benutzt werden. Die zeitgemäße Darstellung aller relevanten Techniken der astrologischen Prognose ist einmalig und schließt eine Lücke innerhalb der astrologischen Fachliteratur.

Ebertin Verlag · Freiburg im Breisgau